LET'S CHAT -
CUBA CERITA

DO IT...

M I A   K A L I L A

PARTRIDGE

To order additional copies of this book, contact
Toll Free +65 3165 7531 (Singapore)
Toll Free +60 3 3099 4412 (Malaysia)
orders.singapore@partridgepublishing.com

www.partridgepublishing.com/singapore

CONTENTS

Gift from Heaven

Soulmate, Firdaus
Mother, Halimah
Father, Abdullah

Children
Najihah, Nabil & Madihah

GrandChildren
Safia, Jannah, Iman, Aluna & Medina

Hadiah dari Syurga

Suami, Firdaus
Emak, Halimah
Ayah, Abdullah

Anak
Najihah, Nabil & Madihah

Cucu
Safia, Jannah, Iman, Aluna & Medina

So here it goes…

I don't know why, whenever I see self-improvement or motivational books, I would immediately grab them and read. In fact, my first book was by Dale-Carnegie back in 1973, How to Develop an Attractive and Charming Personality and How to Get Yourself Organised, I was 13 then hi hi, this book has a great impact on my life and it really works. It's in English, so I had to use the dictionary to look up those difficult words because I wanted to fully understand them.

I still keep those books till today, now it's already 2020….wow!!! It's been almost 47 years, right? How time flies! I strongly believe books give us positive knowledge and experiences that changed our attitude and mindset. Here I would love to share it with you guys, which I am doing it right now….

Back in 1970's, there was a lot of health awareness that was launched by Malaysian government. I started to learn of the importance of personal-hygiene in health class at school. It was one of my favourite subjects. Our teacher taught us on how to brush our teeth correctly, how to care for our hair and head, and how to care for our whole body from top to toe.

What I feared the most was when I saw a hospital van from the government hospital coming to our school either for a vaccination or a dental examination. There were friends of mine who hid in the restroom because they were afraid of needles or being brought to the dental clinic to have their teeth cleaned or extracted.

At first, I was afraid but I forced myself to face the situation even though I did let out a tear when I was injected. Whenever I was brought to the dental clinic, I was prepared because I understood they were only doing it for our own benefit.

Today I am truly grateful because I have received enough vaccinations, am in the best of health and have clean and structured teeth. We have been protected from illnesses like Meningitis, Polio, Diphtheria, Tetanus, Chickenpox, Shingles, Typhoid, Yellow fever, Mumps, Measles, Pneumonia, Rabies and the latest ones; Hepatitis A and B, Influenza for H1N1.

Just imagine if among us, there are people that don't believe in these vaccines and don't want to cooperate to increase the immunity for themselves and their family. They will easily get infected and put others in danger. So far, WHO (World Health Organisation) has acknowledged these vaccines and only a few people might experience an allergic reaction to these medications. Similar to how we can be allergic to foods like seafood or nuts. Only 1 percent of us may experience the side effects.

We will regret it when we don't use this opportunity wisely, more so when our family members start to show signs of an illness that they are supposed to be protected from. It becomes our responsibility as parents or guardians to make sure that our children are protected. When we are long gone, we don't want our children and grandchildren to blame us for not protecting them. Don't let the word "Regret" be in our life.

There's a part that I like the most which is about the use and management of time. When I read these books and learned the way to manage time wisely, I would immediately apply it.

I began to have a schedule to arrange my daily life so that I used the time that I had to the fullest. The best thing was, both of my parents were very supportive.

I want to share my schedule here because it has helped me a lot until today. I know maybe there are readers out there that already have a better way of managing time. What's important is that we stay committed to our routine.

On a school day:

5.30 am	-	Light Exercise
		Morning shower
6.00 am	-	Dawn Prayer
		Breakfast
7.00 am	-	Went to School
1.00 pm	-	Returned from School
	-	Ate Lunch
2.00 pm	-	Dhuhr Prayer
3.00 pm	-	Did Homework (I did it during the day because I got sleepy easily at night and sometimes couldn't finish it)
4.00 pm	-	Short break and resumed later if not done, I took a short power nap Sometimes, I went next door to visit my friend
5.00 pm	-	Asr Prayer
	-	Watched TV or others
6.30 pm	-	Evening Shower
	-	Maghrib Prayer
8.00 pm	-	Dinner with my family
	-	Isha' Prayer
	-	Watched TV, my favourites were "Peyton Place", Donny & Marie Osmond, The Jacksons
10.00 pm	-	Bedtime
	-	But during exam week, I slept at midnight.

At school, I joined English, Music and Art clubs. I was interested in singing. I would always do what I was interested in and I would enjoy doing it.

When I was 12 years old, I had to follow my father to live in the village. At that time, my father had just retired, so he built a house in the village to spend the remaining of his life with relatives. When my father retired, there were still four of us living at home. The best thing was, each of us got our own room. Why not? Our house had five rooms. In the beginning, only my older brother and I were transferred to a secondary school in the village. My mother did not come along because she still had unfinished business, so she said.

At first it was quite boring to live in the village. No friends, the village atmosphere was not the same as that of the city. The only thing that made me like it there was when I made new friends and we were quite adventurous. Evenings during school holidays, we would play at the rice field. It was even more fun as it was my first time in a rice field, which was like a grassy swimming pool. Suddenly I felt itchy on my thigh, when I looked, it was a leech enjoying my thigh as its meal! I immediately jumped and screamed. We had our biggest laugh ever and get on with our adventure to the next spot.

I was happy because I got to explore a lot of things, even though everything was quite new for me. Sometimes we would climb trees, but not so high because I am so afraid of heights. Honestly, don't ask me to take the plane to go anywhere okay, I rather walk....ha ha ha

A few of my friends resembled Caucasian, Pan Asian and beautiful Siamese. Most of them were of mixed blood. Why not? I lived at the border, Pasir Mas with Rantau Panjang and Golok, Thailand. My best friend was of a Pakistan descent, here called the 'Tokseh' children. They had blues eyes, green eyes blond hair and such. My father is mixed of Malay, Bugis, Arab and Indian blood, while my mother is mixed of Malay and Siamese. No wonder I used to hear people say.... Kelantanese are beautiful. Are you kidding? Ha ha but why not take the credit, thank you anyway...☺

Their parents were smart, not only were they great at doing business but they lived in two worlds. I mean not like mammals but they got to enjoy the facilities of both nearby countries. They lived in Golok, Thailand, doing business selling textile but sent their children to school in Malaysia, because of our good education system. If you want to know, Neelofa's mother was our junior. She is so beautiful though. Whenever these 'tokseh' children entered school, some of them were with chopper bicycles. Wow, amazing! We just looked and envy them from far.

So these bosses' children had to be super rich. They wore school uniforms from expensive fabrics, expensive shoes and rode bicycles. What I like the most about Neelofa's mother are her blue eyes, and her brown and curly hair. She looks like a baby doll. She got married to my close friend's brother which is Neelofa's father. Right now, I envy her daughter, Neelofa is not only a very successful business woman and beautiful. She is one of our most famous artistes in Malaysia. They say, "the apple doesn't fall far from the tree". She is one of the people that inspire me besides my own sister Nek Nor Zaharah, a famous Malaysian comic artist in the 60's.

Every Friday and Saturday are the weekend in Kelantan. We raced to wash our school uniforms at the well, not that we didn't have bathrooms at home, but it was fun living in the village, we just wanted to take in the village feeling. Each of us would make sure that our sleeves were straight and neat. Our shoes had to be white and clean, it didn't matter if we used up a bottle of white polish, as long as the shoes were white as snow...

My father, he trusted and supported me. As I was the only girl in the house at that time, I had to do the house work.....which I loved to do it. One day, he came back with a few mackerels, which I ate for the 1st time. Liked it or not, I cleaned the fish till they were soft. I had the chance to learn to cook fish soup but it was really disgusting....because I accidently used Ajinomoto (seasoning) instead of salt. But this was my 1st mistake and it was fun, because I learn from my mistake day by day.

Pasir Mas is a very beautiful small town with a lot of shady and big trees left by the British. In fact, I hate those that cut down shady trees to plant pine trees instead. What in the world? It's not suitable to plant pine trees in Malaysia. It's only suitable in countries that lack of sunlight. We already have a lot of sunlight, so we need a lot of shady trees to not only provide us with oxygen, but also green sceneries and shades.

Early in the morning during weekends, after the dawn prayer, I would go jogging with my sister. We jogged from our house to my school and back. It's not far but we managed to get all sweaty. What I loved the most about my place was that you could hear religious students reciting the Qur'an early in the morning. It warmed my heart every time I went pass their school.

At home, my mother was the one teaching us how to recite the Qur'an. You know, my own mother was fiercer than the Qur'an teacher. But seriously, my own mother was also a Qur'an teacher. She had to leave her passion to teach the Qur'an in Kota Bharu, capital of Kelantan, because she wanted to join us in the village after my father retired.

My mother is a very organised and skillfull. Why did I say that? Because ever since I was little, I've never seen my mother sitting still doing nothing. My mother loves to cook, clean, arrange household items, take part in activities for the community. My mother managed to take care of us very well, we had enough food, clean clothes, religious knowledge and finished school up to college and university levels.

I am very thankful to both of my parents because they managed to raise 11 of us siblings well and unconditionally. From the time we were babies up to our teenage years and the time we were about to get married, who took care of us? If not for both of our parents.

Do you agree? Every single thing in our life, if not managed properly, could end up a disaster.

Parents/Guardians are our Managers. Without them, who else would take care of these things for us like;

1)   Register our birth?
2)   Prepare our food
3)   Register for our school?
4)   Register for our identification card
5)   Ensure that we are given education and complete our studies
6)   Sometimes we are still being taken care of even after being married

The most obvious thing is, do we take care of our life when we are older?

Do you want to know how a marriage or a family can survive in a more organised and orderly manner?

Husband and wife are considered amazing life partners. Why do I say amazing? Because each party has its own significant role without having to graduate in administration or parenting,

Even though both parties strive to put food on the table, it's better to combine both incomes to settle all of these:

1)   House rent/ mortgage
2)   Car loan

3) Utility bills
4) Road tax/Insurance
5) Life/medical insurance
6) Groceries
7) Expenses for occasional outings
8) Vacations
9) Clothing
10) Kids' expenses
11) Contribution to parents
12) Long-term and retirement savings
13) Emergency savings

But a husband has to understand that he is the natural breadwinner, not the wife. Unless the wife is willing to chip in.

Usually a wife is willing even though sometimes, she earns more than her husband. As long as the husband does not take advantage of her trust and sacrifice.

Besides sexual needs, a husband has to provide the followings:

1) A comfortable home
2) Car, if he can afford it
3) Wife's expenses
4) Grocery expenses
5) Clothing
6) Children's expenses

7)   Other essential needs
8)   Loving care
9)   He needs to have the basics of handy work and cooking

Before having children, we have a lot of time together. So each party tries to carry out these duties:

1)   The wife needs to learn the basic of cooking
2)   Learning the recipe of husband's, children's and your own favourite dish
3)   Tidying up the house
4)   Always taking care of family good name
5)   Educating children with care and love
6)   Learning how to become good parents
7)   Not showing the children when there's a conflict between partners
8)   Not badmouthing your partner or their family members to your children
9)   Respecting both parents and in-laws

Managing a household requires the combined effort of the wife, husband and children. It's not difficult but we have to be hardworking, committed and disciplined. Do you want to know the secret?

When I was working a nine-to-five job, every morning, I had to wake up early, perform the dawn prayer and prepare both breakfast and lunch on the table. I would arrange the dishes for breakfast on one side and the dishes for lunch on the other side. The dishes for lunch were reserved till noon.

I trained my children to take a shower and prepare themselves for school. I emphasized on them being independent from an early age but as parents, we need to become a good role model to our children and lead them by example. Nevertheless, the safety of our children is utmost important and they are prohibited to talk or go with strangers.

As for my daughter, I would always remind her to care for her self-dignity, understand the meaning of sexual harassment and recognise parts of her body that couldn't be touched by males or anybody else that could jeopardise her.

Every day after work, when we arrived home, I would get changed and play with the children for a while before heading to the kitchen. Their father would continue to entertain them. I would prepare two or three simple dishes, which would usually be a dish with vegetables, a non-spicy dish for the children and my husband's favourite dish.

I made sure that my children ate to their hearts' content. Usually, after they took their shower in the evening, I would feed them dinner before my husband

and I could have our dinner. Trust me, this way, we could have a quiet dinner together.

At 9 o'clock in the evening, I would put my children to bed before cleaning the kitchen and doing other household chores including doing the laundry, folding the laundry and preparing my children's clothes and milk before I myself head to bed.

If we have children that are in school, prepare their clothes, school books, school bags and shoes early so that those things wouldn't be left behind the next day.

Have we been to the canteen at our children's school during recess and seen what the canteen operator prepare?

SCHOOL CANTEEN AND SCHOOL SYSTEM

It would be most ideal, if all Primary & Secondary schools were:

1) To be integrated into a multi-races school and to eliminate all chinese, Indian and Malay schools. This way, the relationship among all races could be fostered like it was back in the 60s, where I remember we had a Unity campaign. I still have close Chinese and Indian friends.

2) To change the canteen's menu to a healthy one for the children, not only for the teachers. Through healthy eating, our children's brains can become healthy, smart and active and they wouldn't get sick easily.

Based on my observation, the food at the school canteen is too little of a portion, dry, cold and not balance. The food is mostly fast food and the cleanliness is quite doubtful.

3) To make sure that there is a Janitor for the toilets or create a roster, where students and teachers can manage the cleanliness of the toilets together.

4) To make sure that text books are kept in school to not burden the students or to prevent them from forgetting to bring the books to school and their bags from being too heavy, which could lead to scoliosis (curvature of the spine)

5) To prohibit all vendors outside of the school.

6) To enforce a strict rule on littering within the school compound and outside of the school

7) To recommend a healthy Menu to parents for them to prepare for their children, with vegetables and local fruits...

8) To give a 3 months' probation period to the canteen operator to ensure that they prepare nutritious, balance and enough food.
    If they fail, their contract would not be extended and would be opened to another operator.

9) To organise a weekly talk for students regarding the Disadvantage of Smoking, Drugs, The Meaning of Bribery, Healthy Eating Habits and Caring for One's Own Health.

10) To emphasize on the habit of helping others, respecting parents, teachers, leaders, elders and the society.

11) To organise a special course on home economics for female students from the age of 12 to 18. This way, girls can be trained to be well equipped in the kitchen and excellent at cooking.

12) Meanwhile, boys would be exposed to handy skills, as well as farming and business.

OUR HEALTH AND EATING HABITS

There are only a few days left to Eid and it doesn't feel the same for me as it was 6 years ago, since my beloved mother fell ill...

Imagine if my mother were still fit? Even though her age is reaching 100 years old....

I see my mother's life as a lesson to me and God willing, I will share knowledge with you so that we can enjoy a quality life from the time we're young to old together...

I have asked the school canteen operator these questions:

1) The daily menu for students aged 7 to 12 and 13 to 18 includes:

   – Coconut milk rice
   – Fried noodles
   – Burger
   – Hot Dog
   – Flat bread
   – Fried instant noodles
   – Mixed Rice
   – Snacks - Crackers
   – Chips
   – Biscuits
   – Sweet desserts
   – Red rose drink
   – Sweet tea
   – Milk tea
   – Popsicle

So far, what is your opinion if our children were to consume these foods daily? What would be the effect on their developing brains that would hopefully help them to become leaders in the future?

Since the birth of a baby, the doctor would recommend breast milk which is high in nutrients but as the baby grows, we feed them with toxic food.

From thereon, I will always plan simple daily menu for my family. I ensure that my kids will bring their food to school.

DAILY MENU

Breakfast:	Sandwiches	-	Chicken/Turkey Slice Letuce, Tomato, Ketchup Eggs, Cucumber and Tomato
	Or		
	Cereals	-	Cornflakes + Soyamilk, Almond Milk, Fresh Milk Muesli or Oats
Lunch: And Dinner:	Rice	-	Soya Chicken/Chicken Tomato/Chicken Oyster Sauce/Fried Chicken (Airfried)/ Chicken Soup or Fish or Meat

Vegetables	-	Broccoli with Garlic/
		Mix Veges/Spinach
		Soup/Mix Salad
Fruits	-	Green Apple/
		Manggo/Papaya/
		Grapes/Berries

I give plenty of fresh vegetables and fruits. In my daily cooking I use vegetable oil like Olive Oil, Sunflower and Canola Oil. To avoid using too much oil, I use Airfryer. Believe me it gives the same crunchiness as fried chicken.

I seldom have meat and seafood. We will only have it at Steakhouse or Seafood restaurant on occasions like birthdays, family dinner or when we have guest in our house.

Becoming Master Chef?

The sweetest moment...when I was given the task by my father to cook his favourite dish. At that time, I felt over the moon because I was given the free ticket to use the stove, matches and so on...

When I was 12 years old, I went with my father to live in the village, Pasir Mas, after he retired. My mother was still committed to her Qur'an students in Kota Bharu. She was waiting for them to complete their studies.

This was the moment I learned to become independent. When your mother is not around, you have to do everything by yourself and that made me a strong person now...

It's good that we don't pamper our children too much. We don't have to be over-protective, if not our children would be afraid of everything and unable to do anything by themselves.

1) When children are 5-10 years old, they can recall and absorb things easily, we must;

    a) Teach them to recite and understand Al-Quran and religion

    b) Teach them to respect elders and the rules of conduct

    c) Lead by example on cleanliness of self, the bedroom, the home and its surrounding

    d) Trust them with making their own drinks, washing their own dishes or doing something basic like using the public toilet and cleaning up after themselves when they're done using the toilet.

    e) Teach them to assist their parents with house chores like cleaning the dishes, doing laundry by themselves, folding laundry by themselves or sweeping the floors.

Cooking Lesson

At early age between 5-7 years old, we can give simple tasks and activities they will enjoy:

1) Washing vegetables – this a great way of teaching them the names of vegetables and sparking an interest which will hopefully encourage them to try different foods.
2) Stirring ingredients – they should be at room temperature.
3) Mashing potatoes but then again at safe temperature.
4) Spooning ingredients into scales.

Before we leave this world...

In that moment, would we:

1) know for sure, who would be taking care of us?
2) have enough savings to support us when we are old and frail?
3) know if our children would unite to take care of us?
4) know if our children have a high level of patience to endure the challenges while taking care of us?

5)   feel that our situation would make our
children feel bored and burdened?

When I was a little girl, I would always think if one day I would be able to care for my Mother till the end of her days?

But Praise be to Allah, He has fulfilled my wish, even though it is not as easy as I thought it would be. Taking care of sick parents requires a lot of mental and physical strength, just like how they took care of us when we were born.

Would we be able to repay their deeds to the best of our ability?

That's why we have to make a lot of self-preparation whether we are the carer or we are being taken care of...

Why do we put..."People First?"

It's hard to put others before ourselves, right?

When I was a little girl, it saddened me to see a senior citizen living alone in a hut without any water supply or electricity.

More so when the person had no source of income and was living alone in this world.

What saddened me the most, was when the person was being treated badly, abused and abandoned by their own family...

Imagine if we were in their shoes one day, when we all go through old age, if we live to see that day...

Wouldn't it be nice, if:

1) there are old folk's or retiree homes for those without an income, with low incomes and no family members to care for them.
2) the facilities and activities provided were enough and beneficial to them before they leave this world for good.
3) a place to stay were provided and there were an environment in the community, where there were facilities and the habit of helping those less able and with handicaps.

God willing, I will fulfil this desire of mine but the first step is, we have to change ourselves to become "Selfless" people....

BRIBERY OR A GIFT?...

I have heard this word every day, from the time I was a little girl all the way to my adulthood but I don't know and don't care about the meaning.

A bribe can be misinterpreted as a gift or a token of :

1) Appreciation,
2) Protection
3) Acceleration of a process,
4) Express approval or a short-cut to gain an approval,
5) Ignorance when an approval is given despite bad consequences.
6) Secrecy
7) And many more...

I was dumbfounded when I myself suddenly fell victim to such a situation and could feel the bitterness of life when the habit and action were not eliminated.

What would Happen to the People and the Country if there are those amongst us that are willing to:

1) Request, force or extort victims to pay a fee to remain silent and give protection to illegal immigrants to freely enter and exit the

country or non-documented foreigners that have long resided in the country.

The consequences:

1) Illegal immigrants would freely enter and exit the country from several points of entrance without getting caught.

They would bring about problems like:

a) Infectious diseases because they came from a harsh background, without sufficient vaccines, without education on cleanliness, no money to support them when they got infected or sick.

b) Social Ills
Illegitimate children, cohabitations even though with partners of different religions, harassing local girls to satisfy their lust, killing infants...

c) Break-ins, robberies, snatch thefts, begging and scamming through the internet, murdering out of desperation for money to feed themselves and several other problems that are difficult to tackle.

d) The saddest part is when there are cases of murdering young children, babies and senior citizen. Those that came here to work have no experience of becoming a loving mother. Even a mother could murder her own child when under tremendous pressure.

2) There needs to be an SOP (Standard of Procedures), when entering the country, tourists and immigrant workers are obliged to:

a) Provide their name, address and destination
b) Provide duration and purpose of their stay
c) If they don't exit the country they are visiting, look for them at the address given. Contact the person they are visiting. Their host has to be responsible.
d) Ensure the Department managing the intakes of foreign labour or worker has a tight surveillance.
e) The employer has to be responsible to send the foreign workers back home after the completion of each project. If the intake was for 10 workers, the same number of people need to be sent back. If they were found to be escaping or overstaying, the Employer has to be responsible to pay fines and prosecuted according to the law.

We need to plan... and we need rules

Sometimes we are stressed out when everything needs to be planned, right? Let us imagine if:

1) The movement of the solar system is not planned by the almighty.
2) Everyone could drive in whichever way they please.
3) There are no rules in our life and we could do as we please

What do we usually do when we wake up? Wake up and immediately have breakfast?

For people that follow the rules of life, they would usually do these first

1) Clean themselves
2) Perform the Dawn prayer (For Muslims)
3) Make their bed
4) Have breakfast
5) Exercise
6) Take a shower and get ready to go to work or a lecture

and so on...

I relate our daily life with everything that has happened to us and will happen in the future. How we make decisions and act upon it:

1) While schooling
2) After being enrolled in the University
3) Starting work
4) After being married
5) Wanting to build a family
6) Taking care of our partner and children, as well as our parents
7) Involving ourselves in community service
8) Caring for the country and nation

While Schooling:

1) First and foremost, to establish self-discipline, we must not skip school
2) Complete homework that is given
3) Focus during class and do not play at the back of the class
4) When the teacher discusses a new topic, listen attentively.

Once at home, take a look back at the topic, read and understand it. Make short notes as a quick reference.

5) When the teacher repeats the topic the next day, it would immediately be etched in your mind...

6) At night before going to bed, make sure all books & stationeries are prepared to avoid leaving them behind the next day and having to borrow from friends.

7) Being honest and trustworthy is the key to our success.

The same thing applies when we are in the University, as well as when we have started working.

After being married, this is the most critical part towards a lasting marriage or a short-lived one...

When we see others tying the knot, we want to do it, too. When we see others having children, we want to do the same, too. But we forget a very huge responsibility that we have to carry, especially as it involves the life of someone new in our life and the future children that we would raise...

LET'S LOOK EAST

I am proud to be a Malaysian. But I will be prouder to be able to become a good role model like the Japanese.

As they learned from their past mistakes, they tried to change and have become a nation respected by the world.

I am amazed by their infrastructures and I can share a few things that we all can follow and practise.

Japanese children aged 5-10 are nurtured and taught life skills. They are more focused on:

1) Being considerate
2) Not being selfish
3) Learning to become independent from a very young age
4) Being disciplined
5) Respecting Elders
6) Being trained to clean their own room, the bathroom, doing house chores and so on
7) Being very Trustworthy and Honest
8) Not to be impetuous when boarding public transport, always lining up and following turns

At the age of 10 and above, emphasis would be put on their academics and they are very successful in their careers.

I was told that if you get lost in Japan, someone would be willing to send you to your destination, wherever it might be, even though it is not on the same route as where they were going.

I get goose bumps every time I hear interesting stories like this. I think one day, we would be able to achieve the dream of becoming a nation with great values that we should all be practising and be a proud of...

Why not?....

Whatever it is, we have to try it first. Just like when we try out a new recipe. Before the food reaches your taste bud, you wouldn't know how it tastes. Its either too sweet or too salty? Probably it's even tasty

The most important thing is that we believe in ourselves to execute something new...

I have my own method in doing anything in my life. Everything that I do has its own methods and rules.

For example, when we wake up in the morning, what do we usually do? Brush our teeth, take a shower, make our bed, make breakfast, clean the house etc etc

The method that I mean:

1) If we plan to cook breakfast & lunch for our children before going to work in the morning

   a) Make sure frozen items are kept in the chiller the night before
   b) Vegetables and condiments are already prepared

   After performing the Dawn prayer, cook right away. The dishes prepared are simple yet balance. There are at most 3 dishes; 1 fried dish, one with vegetables and one gravy/soup with rice

2) The children's necessities for the nursery or school need to be prepared the night before to avoid forgetting anything in the morning.

3) Every Friday night, soak their school shoes, wash their school uniforms in the washing machine so that they could be hung to dry on the Saturday morning. This way, there is time for a family outing during the weekend.

4)   If we don't have a domestic helper or a cleaner, we clean the house once every 2 weeks. Pick either Saturday or Sunday.

WHY CAN'T WE BE HEALTHY?

Often times we hear the phrase, "You are what you eat"....

Hi hi... It's not like we will become a cow after eating beef or a chicken after eating chicken

When we go out jogging in the morning, do we realise who usually walk or jog out there? Mostly those from another ethnicity and to be very definite...mostly the Chinese. Both the old and the young alike.

Do you realise that nowadays there a lot of big private hospitals? Can you guess for whom they are? Obviously for the sick not the healthy ones.

Do we want to be sick or healthy? Obviously, everyone wants to be healthy. But since at younger age we usually:

1)   Do not eat vegetables
2)   Lack of physical exercise
3)   Eat coconut milk rice (Nasi Lemak) and flat bread (Roti Canai) for breakfast

4)   Eat fried and oily foods

5)   Eat sweet and salty foods

6)   Eat fast food eg Mc Donalds, KFC, Pizza etc etc

7)   Eat rice (Carbo) 3 times a day

8)   Not drink enough plain water

When we fall ill, are we willing to spend our money to get expensive medications and treatments?

Why don't we spend more for our health?

Like:

1)   Joining a fitness class

2)   Buying a Slow Juicer machine

3)   Eating more vegetables and fruits

4)   Reducing our Carbohydrate intake

5)   Reducing our salt & sugar intake

6)   Consuming less oil, fat, cream

7)   Drinking water infused with lemon slices

8)   Make steaming, roasting and boiling as preferred methods of cooking

9)   Consume more protein from "Beans".

Our life could span up to 100 years, if we are lucky enough. However could we live up to 100 years while being healthy? ....

The range of age when we could enjoy life the most is 18 to 50 while we are still energetic and active. If we take care of ourselves and practise the lifestyle as mentioned previously, maybe we could enjoy life until 100 years of age without having to suffer from:

1) Stroke due to high cholesterol
2) Heart attack due to high blood pressure
3) Amputated legs or fingers due to diabetes
4) Memory loss and nerve disorder due to diabetes medications and diabetes itself
5) Blindness due to diabetes
6) Kidney failure
7) Cancer caused by consuming too much of inorganic foods with preservatives, as well as synthetic colouring and flavouring.

I am impressed to encounter senior citizens taking a walk in the morning while taking in fresh and clean air, in order to protect their hearts and lungs. This way, they could live healthy longer without having to burden their family.

The reason the population in China is very high is because the senior citizens are still out and about and contributing to the society.

They can still work and earn a living. They use herbal medicine from their medicine shops called Seng Seng.

I have been to China a few times and had gotten fever and flu, but looking for a clinic was hard. That's when I found this Seng Seng's store (traditional medicine). They would give me a cough medicine made of clove and other plants or roots.

I wasn't satisfied because I was so used to taking Panadol and flu medicine while at home. Just think about it. Our bloodstream has been filled with drugs/chemical since we were born until now. So approximately how long can we still make it when compared to them, who have never taken these drugs?

It's a bit too late to change that now, but it's not too late for us to change our lifestyle by avoiding things that could worsen our health.

You still don't get it, do you?...

When I was on the way back from Perth, my flight took 5 hours and 40 minutes. In the beginning of the journey, everything was okay until....

Suddenly I was startled by the sound of someone sneezing from the back. Then from the front and from several other directions....OMG!!!

I immediately grabbed my handbag and looked for my face mask, which I usually carry around just in case... either if I were sick or someone else were sick.

I immediately put on my mask and when I turned to the back, they weren't even wearing face masks even though they were under the weather.

Throughout the journey, I could hear them blowing their noses, coughing, and sneezing. Imagine being in a closed environment without fresh air from outside.

This environment could make us fall sick in 5-7 days to come...because germs would stick to our body and work diligently to bring us down. If we are not strong enough, we could get easily infected.

It is uncertain which disease we could be contracting because the symptoms of H1N1, Swine Flu, Ebola, Birds Flu and many more are similar. This is the easiest way for us to spread the disease to the whole world...

Why don't we use the face mask if we are feeling under the weather? Imagine if doctors and nurses don't use the face masks. They are faced with diseases on a daily basis and not many people want to work at the hospital.

If we were to contract an infectious disease, we should:

1) Isolate ourselves or take a rest in a different room
2) When outdoors, wear the face mask
3) Constantly wash our hands with an antibacterial soap
4) Not cough or sneeze in public or in front of people.
5) Cover our mouth with a handkerchief or tissue while coughing or sneezing
6) While in the car or at home with family, wear the face mask
7) If we're not sick but are in a close contact with someone who is infected, always wash our hands with an antibacterial soap.
8) If our sick children are still little, wear a face mask to prevent us from contracting the disease.
9) Not drop our sick children at the nursery or daycare centre or even school so that the disease wouldn't be spread to other children and beyond.

If we care for our own health, family and society, these are a few of the steps that we could take besides taking care of our health...

Be a responsible citizen and member of the society

God willing, I will share tips on how to care for our health later...

Is it hard to be nice...???

Every morning when we wake up, we have to be grateful as we are given another chance to do good deeds and serve our parents, husband/wife, family, society and beloved country...

Why don't we:

1) When we see some rubbish, pieces of glass or nails, we immediately pick them up and throw them into the trash can

2) Assist the elderlies or children crossing the road

3) Help the blinds to cross the road or find their way

4) Press the lift button for people coming in and going out

5) Assist someone carrying a heavy bag, if they seem unable to

6) Immediately call the police, fire department or get help when a crisis or something bad happens.

7)   Verify the authenticity of a person calling for help on the road and seek help from the necessary parties

8)   Check in on sick family members and bring them to the hospital, if necessary

9)   Give the correct directions to someone that is lost. If you are unable to, seek help from someone in the know

10)   Be nice to the Maid, driver or cleaner of the street, hospital and area.

      a)   dummy

      Without them, our life might not be in order.

11)   Give alms to orphans, the poor and those in need.

What saddens me the most...

When I see children being hit or scolded by their own parents in public like at the mall. Little children surely have their tantrums. They are probably uncomfortable, sleepy, hungry, have a full bladder or stomach ache or they don't get the toys they want.

As parents, we have to be very PATIENT. To raise children is not easy but to destroy their souls is relatively easy....

So before planning to have children ☝ attend a parenting course or read plenty of books on How to Raise Children or How to Become Great Parents.

Actually there are a lot of things that can be done for the greater good without expecting a return in this world but God willing, we will be rewarded in the afterworld.

Hopefully we all know the direction of our life and death...

You know the meaning of life if...

Balance is a key underlying theme to the way you and I are built as human beings in our physical, mental and emotional states.

This balance also translates into career, relationship, family and social balance as well. You cannot cheat the balance scale of life.

If you put too much weight in any one area the scale will eventually tip and you will have a life changing crash. To illustrate my point lets look at each aspect separately:

Physical:

Poor diet and zero exercise is a sure fire way to send yourself to an early grave and look lousy along the way.

Nutrition:

Too much food isn't good because it causes obesity, heart disease, diabetes, arthritis and a bunch of other problems. Too little food can leave you malnourished and cause disease of malnutrition (luckily nobody in modern industrialized countries have to worry about this second point)

Exercise:

A lack of exercise will lead to accumulating fat and weak muscles and bones. Too much exercise will break down your joints and cause overuse injuries like tendonitis, and stress fractures.

Career vs Social:

All work and no play has actually been shown to drive people towards a depressive state, however all play and no work leaves you broke and unfulfilled with your life

Whether or not you've ever thought about it this way, this is in fact how we are built. Everything in your body and in your life functions on a theme of balance.

The longer you go with any part of your life out of balance, the bigger the potential crash and the longer the road back to restoring it.

Quoted from an article by John Barban

BE YOUR OWN BOSS!!!

Everyone can become successful!!!

I am impressed to see people from our nation succeed. I am more impressed to see them dare to take chances.

Don't you want to be your own BOSS? By becoming your own boss, you could help provide occupations to those that are jobless. At the same time, you would contribute in boosting our country's economy, reducing unemployment rate, reducing poverty rate and the nation will live in prosperity.

When we do something with the intention of helping others, God willing, we will succeed...most importantly, we must dare to try and don't give up!

For a start, you could attend a business course before starting a business. Don't rush into things. You need to understand and master accountings, the cash flow, profit and losses as well as capital and staff management.

In fact, learning business through the social media, Facebook and Instagram is very popular right now.

Do We Care?....

Anywhere we are, we could hear their voices. Either at home, by the roadside, at hotels- regardless of the number of stars, at hospitals or restaurants, just name it...they are there...

These people especially, I consider them the true Survivors. They are not fussy, are willing to fight for their lives, leave their families and even their small children that are in need of the love of their parents. They don't have any other choice in a desperate situation like that. Emotions don't matter anymore... they only want to provide food and comfort to their families...

Look at the big picture...and around us. Where are they from? In fact, their countries are amongst the large countries with a high population. They are even more successful than the locals because they are not spoiled like us.

We need to ask ourselves....

1) Does their government rule the country fairly?
2) Is the country's wealth not being used for the prosperity of the people and country?
3) Were they given empty promises?
4) Why can't the people within the high population contribute to the country and society?
5) Why don't they use their people to increase production more effectively?
6) In a large country with a high population, the people should be contributing to the country.
7) Why do we think that they're not educated enough?
8) Why does it cause social ills and insecurities when they come?

At my age today, I am utterly grateful because what we have achieved from then till now is far from what they are experiencing...

1) Our schools are built near housing areas with cheap fees, textbook
2) Study funds or easy payment loans and certified teachers.
3) Excellent students are sent overseas to become highly educated Citizens

4) Our government provides courses on workmanship as well as nursery plots, fertilisers, plant seeds, financial aids to those interested in agriculture, small industries and business.

5) Every employee has fixed savings until they reach retiring age of 55-60

6) There are affordable houses for those of a low income

7) There are roads, highways and sophisticated public transport for the convenience of the people

8) Tax revenues are used to develop the country

9) There are government hospitals and clinics with small fees.

10) The people are given the chance to save and invest money to enjoy dividends and bonuses.

What else do we want? Of course, nothing is perfect but we could improve together.

If only, countries with a high population could:

1) Provide life skills courses on Carpentry, Construction, Farming and Food Production.

When they are skilled, they could build their own homes and a proper sewerage system.

They could plant vegetables to sell and for their own consumption.

If they gain a high yield, the government will assist them in making sure that the produce is distributed and sold in order to contribute to the economy of country and the people.

2) The Government and the Management are not allowed to gain a high profit as the profits are for the needy.

3) If the people are under pressure and starving, they would definitely escape to another country to make a living.

In the end, the people would suffer and continue to live in poverty....

We seek protection from Allah that those things do not happen to us.

We should be grateful with what we have and keep it up Malaysia

We LOVE MALAYSIA

What are you waiting for? It's not hard, is it?...

I know I could be a busy person...

I like to gather all my work and do them all at once hi hi hi...

Like everybody else, I have 24 hours, 7 days a week, 30 days a month and 365 days a year. It's unbelievable if I were to say that I couldn't make it!

I came across Del Carnegie's book when I was 13. I don't know whose it was but it was in my parent's small bookcase.

I was immediately attracted to the first page, where Del talks about daily planning and time management.

I read a few pages at once as I was trying to create something new in my life. I didn't have a proper guidance during my childhood, so I used the book as a guide and it has changed my life until now.

Interestingly, I started to record everything I did from the moment I woke up in the morning to perform the Dawn prayer up to my bedtime after my Isha' or night prayer.

When we are young, we don't think of the country's issues. We only think of what's for dinner and finishing our homework to prepare for school the next day. Do we ever think of who would prepare meals for us if not for our mother? Do we know who works hard to provide us with education if not for our father?

Everything is ready for us but are we being grateful with all the amenities? Therefore, to repay our parents' sacrifices, we need to make their lives easy.

1) After waking up in the morning, make the bed and tidy up the bedroom
2) Help to tidy up the living room
3) Assist Mother with cooking
4) Assist Mother with laundry
5) Help to bring out the trash
6) Help to sweep the lawn
7) Set the table before mealtime
8) Clean up the table after mealtime
9) Assist mother with washing the dishes and cleaning the kitchen.

As a student, we need to:

1) Complete homework and do revision
2) Go to bed early
3) Avoid smoking, skipping school and doing drugs
4) Choose positive friends
5) Engage in healthy activities
6) Be honest and trustworthy

7)   Avoid posting something online that could expose someone and destroy their reputation.

It's not hard, right? Everything that we do during our youth will help us as we grow older.

Isn't it nice, if....

Have you thought of what makes the Japanese more organised and well mannered than us?

They are surely not born that way, says who? The good thing was, they immediately wanted to change and improve their life and way of thinking. They put emphasis on children at an early age of 4-5 to grow up with mannerisms that are adored by all of us today.

What's the use of being a poisoned apple? Our high education is useless if we don't show respect to our parents, teachers, boss, family and society. When we are in power, we start to love it and lose our identity.

The Japanese teach their children to have good mannerisms. Their way of life is more of:

1)   Respecting elders, teachers, leaders and the society
2)   Life skills
3)   Manner of eating

4) Manner of lining up while buying food and other items, purchasing tickets, boarding public transports
5) Helping each other
6) Selfless attitude
7) Being honest
8) Manner of using and cleaning the toilet
9) Cleanliness of self, room and home
10) Healthy eating
11) Hardworking
12) Helping the family
13) Helping the society

They emphasize on a lot a positive aspects from little. It's better to be cultivated early...from the root if you know what I mean.

It's hard to discipline our older or grown-up children, especially if they are very egotistical...

So when?

It's best to provide children with this knowledge at kindergarten or primary school level.

Whatever it is, as parents, we need to start it at home.....

Yes, Lets Do it!!!!

It's sad...

Every day, I worry about myself. If I were to live long, would my children take care of me during my older age?

Would they be patient with me when I become somebody I wasn't? Would they be willing to foot my hospital bills and all of my needs when I fall ill?

Have we thought of all this? It saddens me to see old people being hurt, abandoned and sent to old folk's home like stray dogs....

If I were given the means, my dream is to build a home for the retirees with no family members willing to take care of them. They need protection and care.

When I was little, I knew an old lady living alone in a hut with an oil lamp and a bucket for her to get water from the well. I liked to play around her hut and asked how she was doing.

The old lady would always invite me to have a meal at her hut... I was shocked to see that her dishes were only two fish boiled in salt water with rice cooked on a wooden stove and a small bowl with fish sauce and herbs collected from the woods of the village.

I was reluctant to accept her invitation but we would enjoy a meal together every chance that I had, usually when I had no after-school activities.

After graduating from secondary school, I had to leave my hometown to further my studies. When I was away, I came to find out that the old lady has passed away

I felt sad and heart-rending to think that she might be feeling alone and lonely when I was gone...I felt a sense of regret and grief. If I were already successful back then, I would probably be able to help her.

I can only recite Al-Fatihah for her and pray that she is placed amongst the pious.

I am lucky to still have my mother around to whom I could devote myself to. That moment was when I made a promise to myself to use every chance I have to make my parents happy...God willing

I always miss my father, my little sibling, my niece/ nephew, my brothers-in-law that have left us...Al-Fatihah

Let it be....

We don't feel fine every day. There are days that we feel sad and disappointed. The worst moment is when you and your siblings don't get along. It's even worse when our parents are not around anymore.

When we are the oldest or the elder, don't think of it as a right to control others. Don't become a dictator to the point that the problems of other siblings or other kinds of problem are not heard.

When our parents were around, nobody dared to bother us.

Don't you remember? We are not perfect, so don't look for the flaws of other siblings because all this while, we were all living independently in our own way. Don't impose our own way on others. Just because our parents are not around anymore, it doesn't give us the right to dictate the lives of our siblings.

The best way is to try these:

1) Have a discussion and help each other out.
2) Don't listen to others
3) Don't take sides
4) Listen to all parties
5) Don't hold grudges

6) Don't be a hero
7) Don't be a referee
8) Be neutral
9) Don't be bias
10) Don't be a Jury
11) Don't be a JUDGE
12) Be a PEACE MAKER !!!

When there are family members in distress, the best thing to do is to listen to their cry for help. If they are in need of money, set up a donation drive within the family to help ease their financial burden.

Give a suggestion or a sound advice on how they can make their own income and be independent.

If there are those that try to incite hatred, advise them to think positive and not try to break the family apart.

Don't entertain them because after some time, they would eventually give up due to a lack of support.

This is an evil deed that we can put a stop to when we quit entertaining them and let them just speak...

It's not boring at all!

Time flies when you're having fun, but for those that don't understand the word "fun" or don't have the chance to enjoy it, time goes by so slowly and they could feel bored, right?

Once upon a time, I was afraid to quit my job because I thought it would drive me crazy, my brain would stop working and I could lose friends. Apparently not. When we are at home, we are even busier doing our own thing.

We just have to plan our daily activities and not be lazy. The word "lazy" shouldn't be in the vocab of our life. We must be DILIGENT!!!...

We surely have apps like Calendar and To do List and Reminder in our phones, right? I use these 2 apps to make my life more organised. They enable me to multitask.

If only I could do everything, but I only have two hands and feet. Every morning after the Dawn prayer, I would check my phone. Remember!!! Not to check my FB, IG or Whatsapp yet, but the Calendar and my daily To do List. After that, I would check my Whatsapp, in case of any important messages.

After breakfast, I would check my phone again to look at my FB/IG to post something and like my friends' posts.

9.30am onwards, I would manage my home business, contact potential buyers and partners as well as tend to my family matters.

Every day, I feel like there's not enough time for me to complete all of my work. If we use our time wisely, we don't even have the time to feel bored or run out of ideas...

Would you or will you marry me?...

Wow!!! Anyone in love, would be on top of the world when accepting this proposal...

It must be fun to plan the wedding of the year, right?... In most cases, the parents would struggle to find the funding to fulfil their kid's dream, at the same time, protect the family's image.

To be happy is good but before proposing or accepting a proposal, have you done the necessary calculations? Anyone can get married but Love is not Blind, okay!!!

When we have reached adulthood, the most ideal age to get married is usually 24 and above. This age group is when most people have graduated and started a career.

There are couples that met during college or Uni. They have been friends and known each other from a young age.

Others met at work or social events like a wedding.

What we need to calculate:

Why get married at the age of 16 - 20?

With no job, there's no money. All we're willing to do is live and die together.

What about having a Baby at the early stage of the marriage? Pity the Baby for having babies as parents.

We need to run a background check on our future partner. Usually those that are jobless disguise themselves as businessmen or freelancers, in another word, self-employed.

They would usually look for a future wife with a career and a stable income. This is their backup plan because a business has a lot of risks and challenges. If their business is to be closed one day, they could rely financially on their wife.

There are those that borrow money from their spouse, in hopes of getting higher returns while giving their spouse empty promises.

It's even worse to have a drug-user spouse, either a former user or an active one....

When they need us, they would smooth talk their way but when they have gotten what they want, they would disappear. If they don't get what they want, they would probably sell off properties and do the unthinkable.

Not everyone has a bad intention but we have to be careful with every move and decision we make.

It's better to have a spouse with a stable income who is willing to work hard for the family. We could produce a healthy family with sufficient education, food and clothing. That's all it takes.

As a future wife, we need to remember that we don't only produce children but we also need to raise them with:

1) full of love
2) healthy balance diet
3) unconditional love
4) quality time

There are wives that scream on top of their lungs when they get in the kitchen 😁. Like it's a war zone.

Aren't we ashamed of the mother-in-law? She would see the kind of wife and mother that we are – just not ready to get married 😊

What does this show?

I'm currently in Barcelona, Spain, family holiday.

An idea came to me at 3 in the morning, still having jetlag... 😜 😊

Oh!!! Nooooo....The Honeymoon is over!!! 👀 👀

The first year of marriage is fun as we get to have dates, be romantic with each other, go all the way...

The best thing during honeymoon is when both husband and wife are busy entertaining each other. The usual conversations; "Honey, could you get water for me?", "Could you give me a head massage?", "Baby, let's just sleep the whole day because it's the weekend... we can just have breakfast during dinner". 😊 😁

It's really fun because the first two years is when we got to know each other and learn to understand each other. In the beginning of a relationship, you feel like walking on clouds because we are all like Hollywood actors who deserve Awards, trust me!

Don't worry. Don't be afraid to get married. You just need to be prepared, okay!

Only after the honeymoon do we find out that:

1) Our wife is quite lazy...Lazy to cook, lazy to clean, no daily planning, stays in the room when the in-laws are around without serving them refreshments...

2) The husband likes to sleep all day and expects food on the table whenever he wakes up. He's messy, likes to play games all the time, hangs out with friends until late night, his old habits during single days start to come out, doesn't help with house chores as they are the wife's job...

This is what happens when both partners are stubborn!!! People might call it the Marriage from Hell!!!

There are couples like this:

1) The wife does everything well. At the early stage of the marriage, she makes sure the

house is clean and well-kept, cooks balance meals, wakes up early, arranges daily activities that can be done together and likes to entertain both families well.

2) The husband wakes up early, performs prayers together with the wife, likes to help out in the kitchen, and does the dishes and laundry. He does not like a messy house, takes over house chores when the wife is tired and gets along with both families; his own and his wife's.

3) A husband can play games or hang out with friends. No problem! Be he needs to put the family first.

Do you see the difference?

Do you want to get married multiple times? Don't you think of the children when the family is broken?

It's not hard to be nice, we just have to remember that everything starts from home.....

It's nice to have a Baby...

Previously we call our spouse "baby" but now we have our own Baby...

Giving birth, oh my! You can ask mothers what they went through. This is a moment that is hard to describe but if only men could experience it, too. Then, they will know!!!

Of course, we love our Baby, right? Who doesn't? Children are the responsibility given to us by Allah. In fact, it's the greatest gift for this life and the next.

But are we physically, mentally and emotionally ready to receive this gift? Hi hi hi...I admit I myself wasn't quite ready and I was very nervous

When I held my Baby in my arms, I wasn't sure what to do...I only knew how to feed and clean the baby. Having a mother's instinct, I was protective and always wanted to protect the baby...

The best part was, I started to feel my life becoming more meaningful and joyful because I got to see the baby's cute smile and tears...

Sometimes I felt sad when these things happened and I didn't know what to do:

1) Why was I feeling moody and blue?
2) Why was the Baby crying all the time?
3) Why was the Milk not coming out?

4)   Why did my breasts feel sore and caused me to have fever?

5)   Why was there a red rash on my Baby's bottom?

6)   Why was my tummy not flattening?

7)   Who would take care of me post-natal?

8)   What was I supposed to do when my Baby had jaundice?

9)   Why was I still feeling exhausted, unwell and listless even after the confinement period?

There was an incident that moved me the most. I saw a young mother walking slowly while holding her baby at the hospital. She was alone without any help or company.

The young mother looked sluggish and pale. The Baby she was holding was crying, maybe due to cold. I didn't know why the baby wasn't wrapped with a blanket around her/his body.

I approached her and asked if I could wrap the baby's body. She smiled and allowed me to do it. The baby was immediately quiet and stopped crying.

I told her that she needed to wrap the baby's body to prevent the baby from shivering. I asked her why she was alone. Where was her husband or her mother? She told me that the husband was looking for a parking spot and that the mother was sick at home.

Isn't she a pity? Who would have helped us in a situation like that? At least her husband was by her side. She just gave birth to her first child 5 days ago and the baby was having jaundice.

Maybe she was still clueless of what to do. I was quite shocked to see the newborn being uncovered and wasn't fully clothed. The baby was exposed to the cold and the surrounding elements.

Just imagine, she was still in pain, exhausted and restless. The stitches at her private part were still fresh and quite red. It takes at least 2 weeks to heal, if you want to know...

So think about this okay!!!!

Wow!!! A lot of things to go through but that was just the basic FAQ. There are a lot more to know which God willing, I will share the answers to in my future writings.

The most important thing is raising our children. How do we want to raise them? Every newlywed couple has to attend a parenting course or buy a parenting book.

How do we raise a daughter and how do we raise a son? We have to be afraid and worried of things that are beyond our control. They could influence our children but God willing, if we constantly observe our children and are close to them, they will be safe and sound, which I will try to share later

Okay gotta go now!!! We are going to our favourite street La Rambla and Gothic Born, Barcelona...we are going for a walk and enjoy a meal

When I had my first child at 24, it was really painful and exhausting because I had to adjust to my new life. I didn't get enough sleep and my meal time wasn't fixed.

During the confinement, it was great because my mother was around. Everything was well taken care of, I had enough food and rest. But the night time was when I became nervous because my baby would scream for milk, to get changed or just for a hug. I just had to keep c to go through this phase. I started to learn what my parents went through when I was born and growing up.

Sometimes I felt unwell, my breasts were swollen, I couldn't pass a motion and sometimes I felt like exploding from breastfeeding my baby every 2-3 hours. Only after a week was I used to the new situation.

What I did was:

1) I would breastfeed my baby till the baby was full.

2) A lady would come to give me a massage for 2 hours. After that, I would take a shower and wrap my tummy.

3) If the baby was still sleeping, I would have my breakfast and drink a lot of water. Milo is the recommended drink for energy and a boost in breast milk.

4) I would grab the opportunity to sleep when my baby was sleeping.

I would really like to share about the care during confinement but I would produce it in my next book, God willing.

I have 3 children; 2 girls and 1 boy. To me, that's enough. Do you want to know why I think so? My parents have 11 children. To me, that's a lot. I once wondered to myself if my parents even had the time to give us attention in terms of religion, comfortable life and enough money.

I saw my father rarely changing his clothes and my mother having a small business to find extra money. Our life was modest. We had enough food and we could afford to go to school. My father emphasized on religion and academic.

My father was English oriented. That's why all of his children were sent to English-medium schools. When the British was still in Malaya, my father worked at the hospital as a Dresser, he was strict with caring for our health. After Malaysia gained independence, my father worked as a Custom Officer. That was when our life started to improve.

There were too many of us at home. We lived in a government quarters with only 3 bedrooms, a living room and a kitchen. I could see school books everywhere. My mother enjoyed cooking and made sure that we ate to our hearts' content 3 times a day. That's why we were healthy and happy children. But we didn't have toys or other forms of luxury like other children.

When there are too many children, sometimes we tend to overlook their emotional needs and longing for love. Sometimes someone sulks without being comforted. Sometimes they quarrel amongst each other

without making up. Sometimes siblings' drama doesn't get resolved until adulthood.

To me, having 3 children is quite ideal. Maybe 4; two girls and 2 boys. We have to plan the economy of our family. Either both spouses are working or only the husband is working, sometimes it doesn't make much of a difference if both spouses work but the children have to be left with the babysitter. Unless the wife has quite a high position and is worth it to pay for a babysitter or other amenities.

Children that are taken care of by their own mothers are well taken care of. But if they are placed at a licensed daycare centre, they can benefit in terms of learning about culture, socialising with other children and being self-reliant.

The most important thing is that the parents take time to spend with their children. Make sure they have balance meals and introduce vegetables and fruits to their diet since little. We have to put an emphasis on religion, moral and behaviour besides academic. Our children are not just our assets but they are the country's assets, as well. They will shape the future of our nation.

When I see parents from today allowing their children to be immersed in smart phones, I feel that the children would grow up to become antisocial. They are preoccupied with their own worlds even at the dining table. It's sad to see the communication breakdown between parents and children. When do parents take the time to teach their children and listen to their issues?

It's better to become strict parents for the children's own good. Maybe give them 2 hours a day after their meals and completion of their homework. Reward them after they complete their chores. Make sure we observe them while watching youtube or playing games that could harm them. If they cross the line, punish them by not allowing them to use their devices and see how they react.

BETTER MALAYSIA?...LETS DO IT!!!

In my opinion, we need to have a Business Management Stream as one of the compulsory streams in our secondary school's curriculum besides the usual Science and Arts Streams.

Even though there is already the subject of Commerce in secondary school, it is not given much emphasis until the Diploma and Degree levels. If there were a Business Management Stream combined with other already available courses, students would be given more options and it would help those that are interested in business to be more prepared to start a business.

There are students that cannot afford to further their studies to the tertiary level. There are those that have no interest academically but have more interest in business and other skills. If they were given sufficient knowledge in terms of Financial Management and Business Management, it could help the society and our country's economy.

Don't wait until we reach retirement age or get older. The business is not stable enough and needs a proper management, unless we have a younger successor.

For those that don't like to work with others, they could be their own boss and they need to understand how business should work before looking for or getting a fund, loans, grant to start a business, if not they could go out of business in a matter of days. The government would suffer a great loss and we would become jobless....

The benefits:

1) to not go out of business quickly
2) having sufficient knowledge before securing a loan/grant/financial aid
3) eliminating poverty
4) becoming your own Boss
5) giving employment opportunities to others

6)   increasing the economy of the family and
     country
7)   the country has sufficient fund from tax
     collection to provide better facilities for the
     public
8)   if not successful in academics, people have an
     option to start a business sooner.
9)   eliminating loiterers, jobless people and drug
     addicts
10) eliminating bribery, people feel at ease

If We Want to Dive into Business World

I am constantly proud of the achievements of youth in
Malaysia, especially those that succeed in business. I
see a lot of stores selling make-ups and health products,
vendor boutiques, clothing stores, cafes, restaurants
and online businesses starting to take shape.

Most youth are interested in business but most of them
lack the knowledge. I was also involved in business
a few times but made a lot of mistakes. The course
I attended was not very comprehensive and was too
commercialized.

Due to the fact that I am originally from Kelantan, a
state where the population is focused on business, I
am lucky to be surrounded by entrepreneurs. I learn

from my sisters that have a business selling batik that they handcrafted themselves. The rest of my siblings are all skilled in drawing and designing.

When I had a business as a Wedding Planner, the work concept was neither tiring nor boring to me as I was passionate about it. Like I said before, if we like what we do, it won't be a burden to us.

It's better for us to gain more knowledge by attending courses on:

1)   Basic sewing
2)   Make-up
3)   Hair dressing
4)   Decorating bridal chamber

The business area that I was once involved in is Beauty and SPA. I gained more knowledge in terms of:

1)   Facial and Skin care
2)   Body care
3)   Body and Foot Massage

The same concept should be applied when we want to dive into any other professions. Make sure to gain the knowledge based on the needs first.

A Little Bit on My Family…

My mother is my best role model because I am very close with her. My mother was a very active person. After performing the Dawn prayer, she would prepare breakfast and do household chores. After my Father left for work and my older siblings left for school, I was the only one left at home as I was the youngest, I could see my mother making traditional cakes to be sold. She would receive orders from the local mosque and neighbours for large events. My mother is good in sewing and cleaning. She is hardworking and a perfectionist.

She once held the political position of Wanita Umno Chief in in Johor Bharu, my place of birth. My mother was also an Al-Qur'an Teacher in every state and place we lived in and was very dedicated to her students. Due to her hard work, my mother managed to save up a lot of money and helped our family.

My mother loved gardening even though our garden was small. Before cooking, she would go to the garden to get vegetables or leaves to be put in her dishes. As our diet was well taken care of, we rarely got sick, praise be to Allah.

Due to the discovery of herbs my mother used for our family, I managed to turn it into a health food product to care for our overall wellness. Due to this, one of my ambitions to produce a health food product brand name Foodvibe, is achieved and the product is already in the market.

What amazed me the most about my mother was even though she was busy taking care of us, she took the time to take care of her sick relatives. Our house became like a hospice. I never heard her complaining or sighing. She loves taking care of people, no matter who they are.

In 2020, my mother's age is reaching 100 years old and she's living a long life, her vision is clear and she has good memories. My mother is my main source of inspiration because of her positive nature. We need to be strong and focused, while maintaining perseverance in anything we do.

Praise be to Allah… I am given the chance to be by her side in these last moments. Even though she is not what she used to be, all of her contributions to us are still fresh in my mind. I will give my best to care for my parents.

Throughout my life, I am grateful to be surrounded by positive people, including my husband, children and close friends who are all successful in their respective career paths.

My husband is a Chief Scientist at a national Oil and Gas company. He is very dedicated and focused in his work. He is the person that is always by my side, my biggest supporter.

Our eldest daughter, Najihah, is 36 years old, a graduate with Honors Bachelor in Business of Information System but chose to become her own BOSS. She is a financial management consultant, who has received numerous excellent awards from her institution.

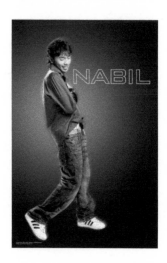

Our son Nabil, on the other hand, is 33 years of age. He is creative in music, drawing and animation. Even as a teenager, he was already successful in the local music industry as an Artiste and Composer. After graduating with Honors Bachelor in Film and Animation, he became a Producer at a TV Station. He constantly involved in voiceover jobs for Disney Malaysia and his latest work was voice for Aladdin in "Aladdin" the movie.

Our youngest, Madihah, is 22 years old and a student in Bachelor of Mechatronic Engineering. She has become the face on bottles of cordial since the age of 5. Praise be to Allah, she still receives royalty from the cordial company's management till this day. At the same time, she is an Influencer on social media and has been offered to become a paid reviewer and it is a cause for praise and very rewarding.

You don't have to wait for luck to fall into your lap or fate to take its course in order to become successful.

You have to look for it, either in the form of knowledge or work that you want to do. I always use the concept of "It's Now or Never"…

That's how I arrange my own and my family's lives. I would immediately do something without having to wait. Whether it works or not, we won't know until we try it. If it still doesn't work out, keep on trying until we succeed.

I would like to thank both of my parents and my dear husband for constantly supporting me and working hard to provide us with a comfortable life and achieve our dreams.

Before I wrap up...

Due to the advancement of technology today, everyone has a smart phone or a mobile phone, even the cleaners. Obviously nobody can control their life situation when a story is being viralled.

Be aware when listening to stories or news that encourage those that like to share fake news. Creating, listening or distributing gossip and badmouthing someone we like or don't like is still a deadly sin and could destroy the relationship of a family and within the society. If we really want to succeed, we need to focus on the positive things in our life. Avoid negative and toxic people.

You can just share juicy stories and fake news at the tip of your finger. Imagine if a viralled story is not true. It could create tension and destroy someone's image. It could cause chaos and unrest.

Remember!!! We need a peace of mind to achieve success. When our family and the society live in harmony and the country is peaceful, we can achieve anything either in making a living through business, furthering studies, developing the country or improving the country's economy.

May Malaysia Live in Peace and Harmony

MALAYSIA LET'S DO IT....!!!

Jom kita LAYAN JER...

Entah kenapa, setiap kali saya ternampak buku-buku self-improvements or motivational books, saya terus capai dan baca. Infact my first book was by Dale-Carnegie back in 1973, How to Develope an Attractive and Charming Personality dan How to Get Yourself Organised, I was 13 then hi hi, buku ini telah memberi banyak impak dalam hidup saya and it really works. It was in English jadi saya terpaksa guna dictionary untuk faham those bombastic words sebab saya nak faham sangat-sangat.

Buku-buku tersebut masih ada saya simpan hingga ke hari ini, now its 2020....fuhyoo!!! dah almost 47 tahun kannn, tahu takpe. Saya anggap buku-buku dan pengalaman yang memberi ilmu positif boleh merubahkan cara pemikiran dan sikap kita. Saya rasa amat baik dikongsikan untuk kebaikan bersama, which I am doing it right now guys.....

Saya mulai tahu tentang pentingnya kebersehan diri, "personal-hygiene" waktu di sekolah, kelas subjek kesihatan. It was one of my favourite subjects. Guru bagi tahu kami satu persatu tentang, cara berus gigi yang betul, penjagaan gigi, penjagaan rambut dan kepala, penjagaan seluruh badan from top to toe. It was back in 1970's banyak awareness tentang kesihatan dilancarkan oleh kerajaan kita.

Yang paling saya takut, bila saya nampak van dari hospital kerajaan datang ke sekolah kami. Samada nak datang cucuk vaksin atau cek gigi. Ada rakan saya lari menyorok di bilek air kerana takut disuntik atau dibawa ke klinik gigi untuk bersehkan gigi ataupun dicabut.

Pada mulanya saya takut, tapi saya paksakan diri untuk berdepan dengan keadaan ini. Memang saya menangis sedikit sewaktu disuntik. Setiap kali saya dibawa ke klinik gigi saya terpaksa redha saja kerana mereka lakukan semua ini untuk kebaikan kita juga.

Hari ini saya bersyukur sangat kerana saya diberi cukup vaksin, sehat tubuh badan dan mempunyai gigi yang sangat teratur dan berseh. Kami terhindar dari penyakit Meningitis, Polio, Diphtheria, Tetanus, Chickenpox, Shingles, Thyphoid, Yellow fever, Mumps, Measles, Pneumonia, Rabies dan yang paling terkini ialah Hepatitis A dan B, Influenza for H1NI.

Cuba bayangkan jika ada diantara kita tidak percaya tentang vaksin-vaksin ini dan tidak mahu bekerjasama untuk tingkatkan imuniti diri serta keluarga. Mereka akan senang dijangkiti dan merbahayakan orang lain. Setakat ini WHO telah mengikhtirafkan vaksin-vaksin tersebut dan hanya segelintir manusia sahaja yang berkemungkinan mendapat allergi atau reaksi terhadap ubatan ini. Sepertimana kita allergi kepada pemakanan seperti seafood atau kekacang.

Kita akan kesal pabila peluang ini tidak digunakan sebaik mungkin, apa lagi bila famili kita mula menunjukkan tanda-tanda penyakit yang sepatutnya mereka terselamat dari dijangkiti. Adalah menjadi tanggung jawab kita sebagai ibu bapa atau penjaga untuk memastikannya. Kita tidak mahu bila kita sudah tiada nanti, anak cucu kita akan blame kita kerana tidak menyelamatkan mereka. Jangan ada perkataan "Menyesal" dalam hidup kita.

Ada part yang paling saya suka ialah tentang cara penggunaan dan pengurusan masa. Setiap kali saya baca buku-buku ini dan tahu cara nya, saya akan terus praktikkan. Saya mulai adakan jadual harian untuk saya aturkan hidup saya supaya saya gunakan masa yang ada sepenuhnya. Yang best tu, kedua mak dan ayah saya banyak memberi sokongan kepada saya.

Nak saya share jadual saya di sini sebab ianya telah banyak membantu saya sehingga ke hari ini. Saya tahu mungkin ada diantara pembaca di luar sana sudah ada cara pengurusan yang lebih baik. Yang penting adalah amalan dan komitmen kita

Waktu hari Sekolah

5.30pagi	-	Senaman Ringan
		Mandi pagi
6.00pagi	-	Solat Subuh
		Sarapan
7.00pagi	-	Pergi Sekolah
1.00 pm	-	Balik Sekolah
	-	Makan Lunch
2.00pm	-	Solat Zohor
3.00pm	-	Buat Homework (Saya buat siang sebab malam saya mudah mengantuk dan kadang2tak boleh siap)
4.00pm	-	Rehat kejap lepas tu sambung jika belum siap, saya take short power nap
		Sometimes, saya pergi rumah kawan sebelah rumah
5.00pm	-	Solat Ansar
	-	Tengok TV atau lain-lain
6.30pm	-	Mandi Petang
	-	Solat Maghrib
8.00pm	-	Makan Malam with my family
	-	Solat Isyak
	-	Tengok TV my favourites "Peyton Place", Donny & Marie Osmond, The Jacksons

10.00pm   -   Bedtime
                   -    Tapi bila time exam saya tidur
                        pukul 12 malam

Di sekolah Saya join persatuan English, Musik dan
Seni Lukis. Saya minat pada bidang nyanyian. Saya
selalu akan buat apa yang saya minat dan saya akan
enjoy bila saya lakukannya.

Sewaktu usia saya 12 tahun, saya terpaksa ikut ayah
saya tinggal di kampong. Waktu itu ayah saya baru
pencen, so dia bina rumah di kampong untuk habiskan
sisa sisa hidupnya bersama saudara-maranya. Sewaktu
ayah saya pencen masih ada 4 lagi anak-anaknya yang
belum lepas. Yang best tu, kita semua dapat bilek satu
sorang. Mana tidaknya rumah ada 5 bilek. Di awalnya
hanya saya dan abang saya saja dipindahkan ke sekolah
menengah di kampong. Mak saya tak ikut sama sebab
dia maseh ada unfinished business katanya.

At first rasa boring juga duduk kat kampong. Takde
kawan, suasana kampong tak sama dengan suasana di
bandar. Cuma yang buat saya mulai suka di situ bila
saya dapat kawan baru dan kami agak adventurous.
Petang-petang bila hari cuti kami pergi main-main
dekat sawah, seronok sangat apa lagi bila first time
masuk dalam sawah, macam dapat swimming pool
yang penuh dengan lalang. Tiba-tiba terasa geli-geli

kat peha, tengok-tengok lintah dah menjamu selera. Saya terus melompat dan menjerit.

Saya happy kerana dapat explore banyak benda, walaupun ianya agak baru bagi saya. Adakala kami panjat pokok tapi takde lah tinggi sangat sebab saya gayat. Honestly, jangan suruh saya naik kapalterbang to go anywhere okay, I rather walk....ha ha ha

Kawan-kawan saya ada mirip mat saleh, anak mami dan orang siam yang cantik. Kebanyakkan berdarah kacukan. Mana tidak nya saya tinggal dekat border, Pasir Mas dengan Rantau Panjang dan Golok, Thailand. Kawan baik saya adalah keturunan Pakistan, di sini dipanggil anak Tokseh. Ada yang mata biru, hijau, rambut blonde dan bagai. Patutlah saya selalu dengar ada orang kata....orang Kelantan ni cantik-cantik. Biar betul, ha ha tapi why not take the credit, thank you anyway...☺

Parent diorang ni otak geliga, bukan saja hebat berniaga tapi mereka hidup dua alam. Maksud saya bukan seperti mamalia tapi mereka dapat nikmati kemudahan dari dua negara yang berhampiran. Diorang tinggal di Golok, Thailand, bisnes jual tekstil, hantar anak-anak belajar kat Malaysia, because of our good education system. Nak tahu, ibu Neelofa tu junior kitaorang. Dia memang cantik orangnya. Setiap kali anak-anak tokseh ni masuk sekolah, ada yang berbasikal chopper. Wah menawan. Kita orang suka pandang saja and envy mereka dari jauh.

Jadi anak-anak tauke ini mestilah loaded. Diorang pakai baju sekolah dari kain yang mahal, kasut yang mahal dan berbasikal. What I like most about ibu Neelofa ni, mata dia warna kebiruan dan rambut keperangan and curly. She looks like a baby doll. She got married to my close friend's brother which is Neelofa's father. Right now, I envy anak nya pulak, Neelofa is a very successful business women dan cantik sangat. She is one of our most famous artiste in Malaysia. Orang kata mana lagi kuah nak jatuh kalau tidak ke nasinya. Dia adalah diantara yang inspire saya selain dari kakak saya Nek Nor Zaharah, seorang pelukis komik terkenal di Malaysia dalam tahun 60an.

Setiap hari Jumaat dan Sabtu di Kelantan cuti hari minggu. Kami berlumba basuh baju sekolah di telaga, bukan takde bilek air kat rumah, tapi seronok bila hidup di kampong, ambil feel kampong. Masing-masing akan cek side lengan baju mesti straight dan rapi. Kasut kami semua mesti putih dan berseh, habis kapur sebotol pun takpe, janji kasut mesti puteh lueh…

My father, dia trust dan support saya. Sebab saya seorang saja perempuan yang kat rumah waktu itu,

saya lah yang kena buat kerja rumah.....which I love
to do it. Satu hari dia bawa balik a few ikan kembong,
which for the 1st time saya jamah ikan tu. Nak tak
nak, saya bersehkan ikan tu sampai lembik. Sempatlah
belajar masak singgang ikan tapi loya mak oii.....sebab
tersilap guna ajinomoto instead of garam. Tapi this
was my 1st mistake and it was fun, sebab saya belajar
dari kesilapan dari hari ke hari.

Pasir Mas is a very small beautiful town, banyak pokok-
pokok rendang dan besar hasil peninggalan British
dulu. Infact, I hate those yang potong pokok yang
rendang and pergi tanam pokok pine pulak, ada ke,
kat Malaysia tak sesuai tanam pokok pine hanya sesuai
di negara yang tidak cukup matahari. Kita dah banyak
sangat terima matahari so kita perlu pokok rendang
yang banyak beri selain dari oksigen, permandangan
yang hijau dan untuk meneduhi kita.

Waktu hari minggu, pagi-pagi lagi selepas solat subuh
saya pergi berjogging dengan kakak saya. Kami berlari
dari rumah ke sekolah saya pergi dan balik. Tak jauh
tapi boleh berpeluh lah juga. What I love most about
my place, pagi-pagi kedengaran pelajar-pelajar pondok
mengaji. Sejuk hati saya setiap kali melintas pondok-
pondok mereka.

Di rumah mak saya yang mengajar kami mengaji Qur'an. Tahu aje lah, mak sendiri lebih garang dari tok guru Qur'an. Tapi seriously mak saya pun Tok Guru Qur'an. Dia terpaksa tinggalkan passionnya untuk mengajar Qur'an di Kota Bharu, sebab nak join kita orang di kampung selepas my father retired.

Ibu saya seorang ibu yang very organised dan cekap. Why I said that sebab waktu saya kecil lagi, saya tak pernah nampak ibu saya duduk diam. Ibu saya gemar memasak, mengemas, menyusun atur perkakas rumah, ikuti aktiviti-aktiviti untuk masyarakat. Ibu saya sempat jaga kami beradek dengan amat baik, cukup makan minum, pakaian yang berseh, ilmu agama serta habis sekolah sehingga taraf kolej dan universiti.

Saya amat berterima kasih kepada kedua ibu bapa saya, sebab mereka telah mengurus kami 11 beradek dengan baik dan tidak ternilai. Waktu usia kita dari baby lagi hinggalah remaja dan bila kita nak berumahtangga siapa yang urus kita? Kalau tidak kedua orang tua kita.

Setuju tak? Setiap aktiviti hidup kita jika tidak diurus sebaik mungkin ianya boleh jadi tunggang langgang.

Ibu bapa/Penjaga adalah pengurus kita, tanpa mereka siapa lagi yang akan buat untuk kita?

1) Daftar kelahiran kita?
2) Urus makan minum kita
3) Daftar kita masuk sekolah?
4) Daftar untuk buat kad pengenalan
5) Pastikan kita diberi pendidikan dan tamat pengajian
6) Adakala kita maseh diurus walaupun sudah berumah tangga

Yang paling obvious, bila kita sendiri sesudah dewasa adakah kita urus hidup kita?

Nak tahu bagaimana sesebuah rumah tangga atau keluarga boleh hidup dalam keadaan lebih terurus dan tersusun?

Suami Isteri diibaratkan rakan kongsi yang sangat hebat. Kenapa saya kata hebat sebab masing-masing ada peranan penting masing-masing tanpa perlu tamat kursus pentadbiran atau parenting,

Walaupun sama-sama bekerja mencari nafkah hidup, ianya adalah lebih baik bila wang pendapatan digabung untuk settlekan semua ini:

1) Sewa/loan rumah
2) Loan kereta
3) Bil utility
4) Roadtax/Insurance

5) Insurance nyawa/medical
6) Dapur
7) Belanja makan minum luar
8) Percutian
9) Pakaian
10) Perbelanjaan Anak2
11) Sumbangan kepada orang tua
12) Simpanan Jangka Panjang dan Waktu Persaraan
13) Simpanan waktu cemas

Tapi suami kenalah faham bahawa hukum tidak membenarkan makan duit isteri, melainkan isteri yang merelakannya.

Selalunya Isteri tidak kedekut walaupun kadang2 gaji mereka lebih besar dari suami. Janji jangan salahguna kepercayaan dan pengorbanannya pula ya.

Suami wajib sediakan selain dari nafkah batin:

1) Tempat tinggal yang sempurna
2) Transport jika mampu
3) Duit belanja isteri
4) Duit belanja dapur
5) Pakaian
6) Duit keperluan anak2
7) Lain-lain keperluan asas
8) Layanan baik dengan penuh kasih sayang

9) Suami perlu tahu basik pertukangan dan memasak

Waktu sebelum ada anak, masa kita bersama agak banyak. So masing-masing cuba buat tugas ini:

10) Isteri perlu belajar basik cooking
11) Belajar resepi kegemaran suami, anak2 dan diri sendiri
12) Mengemas rumah
13) Sentiasa Menjaga ketrampilan diri
14) Mendidik anak dengan kelembutan dan kaseh sayang
15) Mempelajari cara menjadi ibu bapa dengan betul
16) Tidak tunjuk pada anak2 pabila berlaku krisis dgn suami
17) Jangan burukkan suami/bapa kepada anak2 atau ipar biras
18) Hormati kedua-dua orang tua dan mertua

Pengurusan rumah tangga perlu kerjasama dari isteri, suami dan anak2

Bukan susah nak atur hidup kita tapi perlu rajin, komited dan berdisiplin. Nak tahu apa rahsianya?

Waktu saya bekerja nine to five, saya mesti bangun pagi, solat subuh dan siapkan sarapan dan makan tengahari di atas meja setiap hari. Saya akan susun sarapan pagi sebelah dan makanan untuk tengahari sebelah. Anak-anak saya tidak boleh sentuh makanan tengahari sehingga pukul 12 tengahari.

Saya latih mereka supaya mandi dan bersiap untuk ke sekolah. Saya tekankan supaya mereka belajar berdikari dari awal tapi kita sebagai parent perlu bagi contoh yang baik dan tunjuk ajar terlebih dahulu. Namun keselamatan anak-anak amat penting dan mereka dilarang untuk bercakap atau ikut orang yang tidak kita kenali.

Bagi anak gadis pulak saya selalu ingatkan tentang menjaga kehormatan diri, faham erti sexual harassment, tahu bahagian-bahagian badan yang tidak boleh disentuhi oleh kaum lelaki atau sesiapa pun dalam keadaan yang memudaratkan dia.

Setiap hari setelah habis kerja, bila kami sampai di rumah, saya akan tukar pakaian dan layan anak-anak sekejap lepas tu, terus masuk dapur. Anak-anak akan dilayani oleh bapanya. Saya akan memasak dua tiga menu yang simple, janji ada sayur, lauk yang tidak pedas untuk anak-anak dan lauk kegemaran suami saya.

Saya pastikan anak-anak saya diberi makan sekenyangnya. Selalunya selepas mereka mandi petang, saya akan suap mereka makan dan baru saya makan malam dengan suami saya. Trust me, cara begini kami dapat makan malam dengan tenang.

Pukul 9 malam saya akan tidurkan anak-anak saya dan barulah saya bersehkan dapur dan buat kerja-kerja rumah seperti lipat kain, laundry dan siapkan pakaian dan susu anak-anak sebelum tidur.

Jika kita ada anak-anak yang bersekolah, siapkan pakaian mereka, buku sekolah, beg dan kasut terlebih awal agar tidak tertinggal esoknya.

Pernah tak kita pergi ke kantin sekolah anak-anak kita waktu rehat dan tengok apa yang disediakan oleh kantin operator?

KANTIN SEKOLAH DAN SISTEM SEKOLAH

Alangkah baiknya jika Sekolah-Sekolah Rendah & Menengah:

1) Adakan sekolah campuran bangsa dan hapuskan sekolah Cina, India dan Melayu. Dengan cara begini boleh merapatkan hubungan semua kaum sepertimana satu masa dulu saya ingat lagi kempen Muhibbah di sekolah saya dalam tahun 60an. Saya maseh ada kawan rapat dari bangsa Cina dan India.

2) Tukar menu pemakanan kantin kepada konsep pemakanan yang sihat. Pemakanan yang sehat boleh membuat otak anak-anak kita sehat, pandai, aktif dan tidak mudah sakit. Kita tidak sepatutnya hanya fikirkan menu sedap yang boleh dihidangkan kepada guru-guru sahaja.

Yang saya lihat, makanan di kantin agak sedikit, kering, sejuk dan tidak seimbang. Kebanyakkannya fast food dan kebersehan nya agak mencurigakan.

3) Pastikan ada Tukang Cuci Tandas atau adakan roster untuk murid2 bersama guru menjaga kebersehan tandas

4) Pastikan buku2 teks disimpan di sekolah agar tidak bebankan murid-murid atau masaalah tertinggal buku dan beg berat yang boleh akibat penyakit scoliosis (tulang belakang bengkok)

5) Penjaja luar sekolah dilarang sama sekali.

6) Pastikan undang-undang ketat keatas pembuangan sampah merata di kawasan sekolah dan diluar sekolah

7) Syorkan Menu Pemakanan sihat kpd parent untuk anak2 mereka, guna sayur dan buah tempatan...

8) Beri tempoh 3 bulan percubaan kepada operator kantin untuk pastikan mereka sediakan makanan berzat dan seimbang serta yang mencukupi. Jika mereka gagal kontrak tidak akan diteruskan dan dibuka kepada operator lain.

9) Adakan mingguan "talk" untuk murid-murid tentang Keburukan Hisap Rokok, Dadah, Apa itu Rasuah dan Pemakanan Yang Sehat dan Penjagaan Kesihatan Diri.

10) Beri Penekanan pada Sifat suka membantu, menolong, menghormati ibu bapa, guru, pemimpin, orang yg lebih tua dan orang sekeliling.

11) Adakan kursus khas buat anak-anak perempuan atau murid-murid perempuan kemahiran sains rumahtangga dari usia 12-18 tahun. Cara begini akan memberi latihan kepada anak-anak gadis rajin ke dapur dan pandai memasak.

12) Manakala murid-murid lelaki didedahkan kepada kemahiran bukan saja pertukangan tapi juga pertanian dan perniagaan.

KESIHATAN DAN CARA KITA MAKAN

Tinggal berberapa hari lagi nak raya dan suasana raya bagi saya tidak seperti 6 tahun yg lepas, sejak ibu saya yg tersayang jatuh sakit...

Bayangkan jika ibu saya maseh sehat? Walaupun usianya sudah hampir 100 tahun....

Saya ambil iktibar dari nasib ibu saya dan insya Allah ingin berkongsi ilmu agar kita sama-sama dapat menikmati kualiti kehidupan dari peringkat muda sehingga tua...

Saya pernah bertanya pada operator kantin sekolah-sekolah soalan-soalan ini:

Menu harian murid-murid di peringkat usia dari 7 tahun hingga 12 tahun dan 13 tahun hingga 18 tahun adalah:

- Nasi lemak
- Mee goreng
- Burger
- Hot Dog
- roti canai
- Maggi goreng
- Nasi Campur
- Snek - Maggi Rangup

- Cikedis
- Biskut
- Kueh manis
- air sirap merah
- Teh O
- Teh tarik
- Ais krim potong

Setakat ini apa pendapat anda jika anak-anak kita hari-hari menelan makanan ini untuk otak-otak mereka membesar dan mudahan menjadi jaguh di satu hari nanti?

Sejak dilahirkan doctor mengesyorkan susu ibu yang berkhasiat tinggi dan bila mereka besar diberi makanan yang bertoksid.

Nak Jadi Master Chef?

Saat yang paling manis...bila saya diberi tugas oleh bapa saya untuk masak his favourite dish. Waktu tu saya rasa best giler sebab dah dapat lesen guna dapur, mancis dan bagai...

Waktu usia 12 tahun, saya ikut bapa saya tinggal di kampung, Pasir Mas setelah bapa saya pencen. Ibu saya maseh ada komimen di Kota Bharu dengan murid-murid mengaji Qur'an untuk tamatkan pengajian mereka.

Saat ini saya belajar hidup berdikari. Bila mak takde semua kena cari dan buat sendiri dan membuatkan saya menjadi seorang yang lebih kebal sekarang...

Dari itu setiap hari saya akan fikirkan menu pemakanan famili saya yang paling mudah. Anak saya akan bawa bekal ke sekolah.

Saya pastikan:

MENU HARIAN

Sarapan:	Sandwich	-	Chicken/Turkey Slice Daun Salad, Tomato, Ketchup Telor, Timun dan Tomato
	Atau		
	Bijiran	-	Bijiran Jagung + Susu Soya, Susu Almond Muesli atau Oats
Tengahari: dan Malam	Nasi	-	Masak Ayam Kicap/ Ayam Tomato/Ayam Oyster Sos/Ayam Goreng (Airfryer)/ Sup Ayam Malam atau Ikan atau daging.

Sayur	-	Sayur Brokoli Bawang Puteh/Sayur campur/ Sayur Sup Bayam / Salad Campur
Buahan	-	Apel hijau/Mangga/ Betik/Anggur/Beri

Saya banyakkan sayur dan buahan yang segar. Dalam masakan harian saya gunakan minyak sayur seperti Minyak Zaitun, Bunga Matahari dan Kanola. Untuk mengelakkan dari banyak menggunakan minyak saya gunakan airfryer. Percayalah ianya memberi rasa yang sama seperti ayam goreng garing.

Saya amalkan kurang makan daging dan makanan laut. Kami hanya akan makan daging di restoran Steakhouse dan Seafood sewaktu meraikan hari lahir, makan bersama malam dengan keluarga atau ada tetamu yang datang.

Ada baiknya kita didik anak-anak kita supaya tidak dimanjakan sangat. Kita tak perlu jadi over-protective. Semua benda takut dan tidak tahu nak buat.

Apakata:

1)   Waktu usia 5-10 mereka akan lebih ingat dan melekat dalam kepala seperti,

a) Belajar mengaji sampai khatam, belajar soal ugama

b) Ajar cara menghormati orang yang lebih tua, kesopanan

c) Bagi contoh yg baik tentang kebersehan diri, tempat tidur, di rumah dan sekitar

d) Beri kepercayaan untuk mereka belajar buat air sendiri, basuh pinggan sendiri atau perkara basik yg diperlukan seperti cara guna tandas awam, cara cuci diri selepas ke tandas.

e) Belajar bantu ibu bapa buat kerja rumah seperti basuh pinggan, basuh baju sendiri, lipat kain atau sapu rumah.

Ajar Memasak

Di awal usia 5-7 tahun kita sudah boleh berikan tugas atau aktiviti yang akan membuatkan anak-anak kita seronok:

1) Basuh sayuran – cara yang paling baik untuk mereka kenal jenis-jenis sayur yang baik untuk dimakan, serta meningkatkan minat mereka untuk mencuba berbagai jenis makanan.

2) Mengacau masakan – pastikan ianya tidak panas dan diparas suhu bilek

3) Lenyekkan kentang atau makanan lain tetapi pastikan ianya tidak panas

4) Taburkan gandum, gula icing, bahan hiasan kek, tetapi perlu dialas dengan betul agar tidak bersepah.

5) Boleh menolong memasukkan bahan-bahan ke tempat ukur timbang.

Sebelum kita berakhir...

Saat-saat ini ada kah:

1) Kita dapat pasti siapa yang akan jaga kita?

2) Cukup kah wang yang kita menabung untuk menyara hidup kita waktu kita tua dan sakit?

3) Adakah anak-anak kita akan bersatu demi untuk menjaga kita?

4) Adakah anak-anak kita mempunyai tahap kesabaran yang tinggi untuk hadapi cabaran waktu menjaga kita?

5) Apakah keadaan kita membuat anak-anak bosan dan terasa membebankan?

Waktu saya kecil, saya selalu terfikir apakah satu hari nanti saya boleh jaga Mak saya sehingga akhir hayat nya?

Tapi Allahamdulillah, Allah swt makbulkan niat saya walaupun ianya tidak semudah yang saya sangka.

Menjaga ibu bapa yang uzur perlukan banyak kekuatan mental dan fizikal. Sepertimana mereka menjaga kita sewaktu kita dilahirkan.

Apakah kita boleh balas jasa mereka sebaik yang mungkin?

Dengan itu kita perlu buat banyak persediaan diri samada kita yang menjaga atau kita pula yang perlu dijaga...

Kenapa Perlu.... "People First?"

Susahkan bila kena letak orang lain dahulu baru kita?

Waktu saya kecil, saya sedeh bila nampak orang tua yang tinggal seorang diri dalam rumah pondok tanpa letrik dan air.

Apalagi bila usia mereka sudah lanjut tidak ada pendapatan dan hidup sebatang kara.

Yang paling sedeh bila mereka pulak dikhianati dan didera oleh famili sendiri dan ditinggalkan...

Bayangkan bila kita pula berada di tempat mereka satu hari nanti, yang sememangnya bakal kita semua tempuhi jika usia kita panjang...

Alangkah baik jika kita adakan:

1) rumah orang tua atau rumah orang yang sudah pencen, tidak berpendapatan, berpendapatan rendah dan tidak ada Keluarga untuk menjaga mereka.

2) Pastikan fasiliti dan aktiviti disediakan dengan cukup dan memberi menafaat kepada mereka sebelum mereka meninggalkan kita.

3) Menyediakan tempat tinggal dan suasana komuniti yang memberi kemudahan dan sikap suka membantu kepada OKU dan mereka yang tidak berupaya.

Insya Allah saya ingin capai impian saya untuk melaksanakan hasrat ini tetapi langkah pertama kita perlu ubah sikap kita untuk menjadi insan yang "Selfless"....

Rasuah Ke Hadiah?...

Hari-hari saya dengar perkataan ini, dari saya kecil hingga dewasa dan saya tidak tahu atau ambil tahu sangat apa maksud nya.

Rasuah boleh disalah tafsir sebagai hadiah atau token sebagai :

1) Membalas budi,

2)   Yuran perlindungan

3)   Yuran tolong cepatkan proses,

4)   Yuran untuk dapat approval express atau jalan pintas untuk dapat kelulusan,

5)   Yuran tutup mata jika sesuatu kelulusan diberi walaupun ianya boleh memberi akibat buruk.

6)   Yuran tutup mulut

7)   Dan banyak lagi...

Yang buat saya ralat, bila tiba-tiba saya sendiri pernah menjadi mangsa di dalam keadaan sedemikian dan boleh rasa keperitan hidup bila sikap dan perbuatan ini tidak dihapuskan.

Apa akan Terjadi kepada Rakyat dan Negara jika ada di antara ini kita sanggup lakukan:

1)   Kita minta, paksa atau mengugut mangsa untuk bayar yuran konon nya untuk menutup mulut dan memberi perlindungan kepada pendatang haram yang bebas keluar masuk atau rakyat asing tanpa dokumen yang sudah lama berada di dalam negara.

Akibatnya:

1)   Pendatang haram akan bebas keluar masuk dari berbagai pintu masuk yang haram tanpa kena tangkap.

Mereka akan membawa bersama masaalah:

a) penyakit menular/berjangkit oleh kerana mereka datang dari golongan yang susah, tidak dapat vaksin yg cukup, tidak dapat pendidikan tentang kebersehan, tidak ada wang untuk biayai mereka bila dijangkiti atau didapati sakit.

b) Gejala Social
anak luar nikah, bersekedudukan kahwin suka sama suka walaupun berlainan agama, ganggu anak2 gadis tempatan untuk memuaskan nafsu, bunuh bayi...

c) Berlaku pecah rumah, rompakan, meragut, minta sedekah dan penipuan melalui internet membunuh kerana terdesak takada duit nak makan dan berbagai masaalah yang susah nak ditangani.

d) Yang paling sedeh bila banyak kes-kes bunuh anak kecil, dera bayi dan orang tua. Mereka yang datang bekerja di sini tidak ada pengalaman jadi seorang ibu yang penyayang. Seorang ibu kandung pun boleh kelar leher anak bila terlalu tertekan.

2) Perlu adakan SOP (Standard of Procedures), pabila ada kemasukan tourist atau pekerja asing ke negara kita, mereka diwajibkan:

a) Beri nama, alamat dan tempat yang dituju mereka

b) Berapa hari mereka berada di sini dan untuk tujuan apa?

c) Jika mereka tidak keluar dari negara yg dilawati, cari mereka di alamat yang diberi. Hubungi orang yang dilawati. Orang yang dilawati mestilah bertanggung jawab.

d) Pastikan di Jabatan yang kendalikan pengambilan buruh luar atau pekerja asing mengadakan pengawasan yang ketat.

e) Majikan mestilah bertanggung jawab menghantar balik pekerja asing selepas setiap projek selesai. Jika jumlah yang dimasukkan 10 orang maka jumlah yang sama wajiblah dihantar pulang. Jika didapati ada yang lari atau tinggal lebih masa, Majikan lah yang dipertanggungjawabkan untuk membayar denda dan dihukum mengikut akta.

Kita perlu rancang...dan perlu peraturan

Adakala kita rimas bila semua nak kena rancang betul tak? Cuba kita bayangkan kalau:

1) Pergerakan cekerawala tidak diatur dirancang oleh Allah swt.

2)   Semua orang boleh bawa kereta ikut suka hala mereka.

3)   Hidup kita tidak ada undang-undang dan boleh buat sesuka hati

Bila kita bangun pagi apa kita selalu buat? Bangun terus pergi makan breakfast?

Selalunya bagi orang yang ikut peraturan hidup mereka akan terlebih dahulu

1)   Bersehkan diri
2)   Solat Subuh (Bagi Muslim)
3)   Kemas tempat tidur
4)   Makan sarapan
5)   Senaman
6)   Mandi dan bersiap untuk pergi kerja atau ke kuliah

dan seterusnya...

Saya kaitkan kehidupan harian kita kepada semua yang berlaku keatas diri kita dan kehidupan masa depan kita. Cara kita buat keputusan dan bertindak..dari segi:

1)   Waktu kita bersekolah
2)   Setelah masuk Universiti
3)   Mulai bekerja
4)   Bila sudah bertemu jodoh

5) Ingin membina keluarga

6) Cara menjaga partner dan anak-anak serta ibu bapa

7) Melibatkan diri dalam komuniti servis

8) Sayangkan negara dan bangsa

Waktu Kita Bersekolah:

1) First first nak ada disiplin diri, tentukan kita tidak suka ponteng

2) Buat kerja rumah bila diberi

3) Waktu dalam kelas mesti fokus jangan main kat belakang

4) Hari ini bila dapat topik baru, dengar bila guru bercerita di depan.

Bila balik je, tengok balik dan baca dengan faham, tulis nota pendek untuk rujukan pintas.

5) Esok nya bila guru buat ulangan terus boleh melekat di otak.

6) Bila malam sebelum tidur, pastikan buku-buka & alatulis sudah disediakan agar esok tidak timbul isu tertinggal dan terpaksa pinjam dengan kekawan.

7) Jujur dan amanah ada lah kunci untuk kejayaan kita semua.

Waktu di alam Universiti pun lebih kurang sama. Apa lagi bila kita sudah mula bekerja?

Setelah kita bertemu jodoh ini yang paling kritikal untuk sesebuah perkahwinan bertahan sampai akhir hayat atau hanya di persimpangan kenangan...

Bila orang kahwin kita pun nak kahwin. Bila orang ada anak kita pun nak ada anak. Tapi kita lupa tanggungjawab yang sangat besar yang perlu kita pikul apa lagi bila kita libatkan kehidupan orang baru dlm hidup kita dan anak-anak yang bakal dibesarkan oleh kita...

JOM...LOOK EAST

Saya tetap bangga jadi anak Malaysia. Tapi saya akan lebih bangga jika saya dapat jadi contoh yang baik sepertimana orang-orang Jepun.

Oleh kerana mereka belajar dari kesilapan lampau, mereka cuba berubah dan menjadi satu bangsa yang amat disegani dimata dunia.

Saya kagum dengan cara infrastructures mereka dan saya boleh kongsi diantara yang patut kita semua contohi dan amalkan.

Kanak-kanak Jepun dari usia 5-10 tahun mereka diasuh dan dididik kemahiran hidup. Mereka lebih fokus pada:

1) Hidup bertimbang rasa
2) Tidak pentingkan diri sendiri
3) Belajar berdikari dari usia yang sangat awal
4) Berdisiplin tinggi
5) Menghormati Orang tua
6) Dilatih kemas bilik sendiri, basuh tandas, buat kerja rumah dan sebagainya
7) Sangat Amanah dan Jujur
8) Tidak gopoh atau gelojoh bila menaiki kenderaan awam, sentiasa beratur dan ikut giliran

Pada Usia 10 tahun keatas barulah ditekan kan pada akademik dan mereka sangat berjaya dalam kerjaya mereka.

Pernah saya dapat tahu bahawa jika tersesat jalan di Jepun, ada yang akan sanggup hantar kita ke mana-mana destinasi yang kita mahu pergi walaupun ianya tidak melalui jalan yang mereka tujui.

Saya terasa goosebumps setiap kali terdengar cerita cerita menarik macam ini. Saya rasa satu hari nanti kita pun boleh turut capai impian menjadi sebuah nation yang mempunyai nilai-nilai mulia yang sepatutnya kita semua praktikan dan kita patut rasa malu pada kaum ini...

Kenapa tak boleh?....

Apa pun kita kena cuba buat dulu. Just like bila kita cuba resepi baru atau buat sesuatu perubahan. Selagi tak kena taste bud tak tahu rasanya macamana manis sangat ke? masin sangat ke? atau sedap sangat kut

Yang penting kita percaya pada diri kita untuk mulakan sesuatu...

Saya minat buat method dalam apa yang saya lakukan dalam hidup saya. Semua perkara yang saya lakukan ada aturcara nya.

Contohnya, bila kita bangun pagi apa yang kita selalu buat, berus gigi, mandi, kemas katil, buat breakfast, kemas rumah etc etc

Method yang saya maksudkan:

1) Jika kita rancang nak masak waktu pagi untuk breakfast & lunch anak2 sebelum pergi kerja
   a) Malam sebelum nya pastikan bahan yang frozen disimpan di chiller

b) sayuran dan rencahnya sudah disediakan

Setelah solat subuh, terus masak. Masakan tu biarlah simple tapi seimbang. Paling banyak 3 dish, 1 lauk goreng, satu sayur dan satu lauk berkuah/sup dan nasi

2) Barang kelengkapan anak yang dihantar ke nurseri atau sekolah perlu disusun dari malam juga bagi mengelakkan barang dari tertinggal.

3) Setiap hari jumaat malam, rendamkan kasut sekolah, masukkan baju sekolah anak anak ke dalam machine basuh, pagi Sabtu sudah boleh jemur. Hari Sabtu Petang dan Ahad ada waktu untuk pergi bersiar dengan famili.

4) Kerja berseh rumah jika kita tidak ada pembantu atau tukang cuci. Kita boleh buat setiap 2 minggu satu kali. Pilih samada hari Sabtu atau Ahad.

KENAPA KITA TIDAK BOLEH SEHAT?

Banyak kali kita dengar ungkapan "You are what you eat"....

Hi hi... jangan pulak fikir bila kita makan daging, jadi lembu, makan chicken jadi ayam

Pagi pagi bila pergi jogging ada perasan tak siapa yang banyak berjalan kaki atau berlari kat luar sana? Mostly kaum lain dan to be very definite...mostly chinese. Baik yang tua atau yang muda.

Perasan tak rata rata sekarang bangunan bangunan hospital private banyak dah siap dan lebih besar. Fikirlah sendiri untuk siapa? Untuk orang yang sakit tapi bukan orang sehat.

Mana satu kita nak sakit atau sehat? Semua orang nak sehat semestinya. Tapi sebab dari kecil lagi kita diasuh supaya:

1) Tak paksa makan sayur
2) Tidak ajak beriadah atau senanam
3) Ajak makan nasi lemak dan roti canai setiap pagi
4) Amal cara masakan bergoreng dan berminyak
5) Suka makanan manis dan masin
6) Suka makan fast food eg Mc Donalds, KFC, Pizza etc etc
7) Makan nasi 3 kali sehari
8) Kurang minum air kosong

Bila dah sakit, sanggup cari duit untuk beli ubat dan rawatan yang mahal.

Apakata kita belanja lebih sikit untuk jaga kesihatan kita.

Seperti:

1) Join fitness class
2) Beli Slow Juicer machine
3) Lebihkan makan sayuran dan buahan
4) Amalkan kurang Karbohidrat
5) Amalkan kurang garam & gula
6) Amalkan kurang minyak, lemak, berkrim
7) Amalkan minum air potongan lemon yang direndam
8) Amalkan cara masak stim, bakar atau rebus
9) Banyakkan makan protein dari kekacang "Beans".

Jangka hayat kita paling lama 100 tahun itupun jika ada rezeki. Tetapi adakah kita boleh hidup 100 tahun sehat waalfiat? Belum tentu lagi 😜😁....

Jangka Usia yang paling kita boleh enjoy antara 18 ke 50, maseh boleh bertenaga dan bergerak lincah. Jika kita jaga dan mengamal lifestyle seperti disebut tadi, maybe boleh enjoy sehingga 100 tahun tanpa melalui hidup sengsara seperti:

1) Strok akibat dari kolestrol tinggi
2) Serangan jantung kerana darah tinggi

3)   Kaki, jari kena potong akibat kencing manis
4)   Hilang ingatan dan sakit saraf akibat ubat kencing manis dan penyakit nya
5)   Buta kerana kencing manis
6)   Sakit buah pinggang
7)   Barah akibat dari pemakanan yang banyak dari hasil tidak asli dan faktor pengawet, perisa dan pewarna yang sintetik

Saya kagum bila terserempak dengan kaum tua, berjalan setiap pagi sambil menyedut udara nyaman dan berseh dan memelihara jantung dan paru paru mereka. Mereka boleh hidup lama dengan sehat tanpa menyusahkan anak cucu mereka.

Bayangkan population di negara Cina amat tinggi sebab kaum tua mereka maseh bergerak pantas dan memberi menafaat kepada mereka. Maseh boleh buat kerja dan mencari makan. Mereka amalkan ubat herbal yang kita selalu dengar ubat Seng Seng.

Saya pernah ke Cina beberapa kali dan pernah terkena demam selsema tapi nak cari klinik biasa amat susah yang saya jumpa ialah Gedung seng seng (ubat tradisional) ni lah. Mereka akan beri saya ubat batuk yang diperbuat dari bunga cengkeh dan jenis jenis pokok atau akar saja.

Saya rasa tak puas hati kerana terlalu biasa dengan ambil panadol dan ubat selsema sewaktu di negara sendiri. Bayangkan dalam darah kita dipenuhi dengan drugs/chemical sejak kita dilahirkan hinggalah sekarang. So agak agak berapa lama lagi kita boleh bertahan banding dengan mereka yang tidak pernah ambil drugs ini.

Agak terlambat untuk kita ubahkan keadaan ini tapi kita maseh tidak terlambat untuk ubah nasib kita dengan cara mengelak dari amalan amalan yang boleh memburukkan kesihatan kita lagi.

Dah cakap 100 kali tak juga faham-faham...

Waktu perjalanan pulang dari Perth, flight saya ambil masa 5jam 40mim. Di awal perjalanan semua nya okay sehingga....

Tiba-tiba saya dikejutkan dengan bunyi orang bersin dari belakang. Lepas tu dari depan dan dari berbagai arah....OMG!!! 👻👻👻

Saya terus capai beg tangan dan cari mask muka yang saya sentiasa bawa just incase...samada saya yang tak sehat atau orang lain yang tak sehat.

Saya pakai mask muka cepat-cepat dan bila saya toleh ke belakang, mereka-mereka ini tidak pun guna mask muka sedangkan mereka yang tidak sihat.

Sepanjang perjalanan saya dengar mereka menghembus air hingus, batuk dan bersin. Bayangkan kita semua di dalam keadaan yang tertutup tanpa udara luar. Keadaan seperti ini boleh buat kita semua jatuh sakit dalam masa 5-7 hari lagi...sebab kuman akan melekat dalam badan kita untuk bekerja keras menumbangkan kita, jika kita lemah sudah tentu kita senang dijangkiti.

Belum lagi tahu penyakit apa yang bakal kita terima sebab simtom sama je dengan H1N1, Swine Flu, Ebola, Birds Flu dan berbagai lagi. Ini lah cara paling mudah untuk kita bantu merebakkan nya ke seluruh dunia...

Apa salahnya jika kita yang sakit, gunalah mask muka? Bayangkan jika doktor dan nurse tak guna mask muka, hari-hari mereka didatangi dengan penyakit dan ramai orang tidak mahu kerja di hospital.

Jika kita sakit penyakit berjangkit perkara yang perlu kita buat:

1) Asingkan diri atau rehat dibilek lain
2) Waktu di luar, guna mask muka
3) Selalu basuh tangan dengan sabun pembunuh kuman
4) Jangan batuk dan bersin di khalayak ramai atau di depan muka orang.

5) Tutup mulut dengan sapu tangan atau tisu waktu batuk dan bersin

6) Jika berada dalam kereta, di rumah bersama family guna mask Muka

7) Bagi mereka yang tidak sakit sentiasa basuh tangan dengan sabun pembunuh kuman waktu berada dengan mereka yang dijangkiti.

8) Jika anak kecil kita sakit, kita guna mask muka untuk elakkan kita pula yang terkena.

9) Jangan tinggalkan anak yang sakit di nursery atau pusat jagaan kanak2 atau sekolah supaya ianya tidak merebak kepada kanak2 lain pula dan seterusnya.

Jika kita sayang kesihatan diri, famili dan orang ramai inilah satu dari langkah yang perlu kita ambil selain dari jaga kesihatan diri...

Jadi lah rakyat dan masyarakat yang bertanggung jawab 👍 😁

Inshaa ALLAH nanti saya share tips tips penjagaan kesihatan diri... 👍 👌

Susah ke nak buat baik...??? 🤭

Setiap pagi bila kita bangun, kita mesti bersyukur kerana maseh diberi peluang untuk beramal dan berbakti kepada ibu bapa, suami/isteri, famili, masyarakat sekeliling dan negara tercinta kita...

Apa salah nya jika:

1) Kita nampak ada sedikit sampah, kaca, paku atau sampah, terus kutip dan buang ke tong sampah

2) Tolong orang tua atau kanak2 melintas jalan

3) Bantu orang buta melintas atau cari jalan

4) Tolong tekan butang lif untuk orang masuk atau keluar

5) Bantu orang angkat beg jika nampak tidak begitu berupaya

6) Jika berlaku krisis atau perkara buruk, cepat call polis, bomba atau dapatkan bantuan.

7) Jika ada yang minta tolong ditepi jalan pastikan ianya benar dan panggil pihak yang berkenaan

8) Jika ada famili yang tidak sihat, tanya khabar dan bawa ke hospital jika perlu

9) Jika ada yang sesat jalan, bagi panduan yang betul. Jika tidak tahu, tanya pada orang lain yang boleh membantu

10) Buat baik dan layan baik Maid, driver atau tukang cuci jalan, hospital dan kawasan. Tanpa mereka kehidupan kita tidak mungkin berjalan lancar.

11) Bagi sedekah kepada anak yatim, orang susah dan yang memerlukan.

Yang paling sedeh...

Bila saya lihat anak-anak dipukul atau dimarahi oleh ibu bapa sendiri di khalayak ramai waktu di pusat jualan dan di tempat umum. Anak2 kecil pasti ada perangai budaknya. Mungkin dia rasa tak selesa, mungkin mengantuk, mungkin nak kencing, mungkin lapar atau sakit perut atau mungkin tak dapat mainan yang dia nak.

Kita sebagai parent, mesti banyak bawa BERSABAR. Nak besarkan anak bukan senang tapi nak musnahkan jiwa mereka amat senang sekali....

So sebelum nak buat anak 👆 pergilah kursus parenting atau baca banyak buku Cara Membesarkan Anak atau Menjadi Ibu Bapa yang Mithali.

Sebenarnya banyak yang boleh kita buat untuk kebaikan tanpa mengharapkan balasan dunia tapi inshaa Allah di akhirat kelak.

Mudah2an kita semua tahu arah tujuan hidup dan mati kita...

Nak faham apa erti hidup?...

Kunci imbangan di dalam kehidupan sesaorang manusia merangkumi bagaimana kita dicipta ianya termasuk fisikal, mental dan emosi

Balance is a key underlying theme to the way you and I are built as human beings in our physical, mental and emotional states.

Imbangan ini seharusnya melibatkan karier, hubungan, family dan sosial sesuatu yang kita tidak boleh elakkan dalam kehidupan kita.

This balance also translates into career, relationship, family and social balance as well. You cannot cheat the balance scale of life.

Jika kita letak terlalu banyak tumpuan kepada satu urusan sahaja, lama kelamaan akan berlaku ketidak seimbangan dan perubahan hidup yang amat ketara. Untuk memahami nya jom kita sama-sama lihat setiap aspek secara satu persatu:

Fisikal:

Jika kita tidak mengamalkan pemakanan yang seimbang, sehat dan tanpa melakukan senaman, kita akan menempah maut yang awal atau menjalani kehidupan yang agak sukar.

Physical:

Poor diet and zero exercise is a sure fire way to send yourself to an early grave and look lousy along the way.

Nutrisi:

Jika terlalu banyak makan ianya akan mengakibatkan obesity, serangan jantung, kencing manis, arthritis dan masaalah yang lain. Jika makan terlalu sikit, akan kekurangan zat dan akibat penyakit kekurangan zat, tetapi kita bernasib baik kerana di zaman sekarang jarang berlaku point kedua ini.

Nutrition:

Too much food isn't good because it causes obesity, heart disease, diabetes, arthritis and a bunch of other problems. Too little food can leave you malnourished and cause disease of malnutrition (luckily nobody in modern industrialized countries have to worry about this second point)

Senaman:

Bila kita kurang buat senaman akan berlaku naik lemak badan, Otot dan tulang yang lemah. Jika terlalu banyak senaman juga boleh mencederakan sendi seperti kerosakan tisu dan keretakan tekanan.

Exercise:

A lack of exercise will lead to accumulating fat and weak muscles and bones. Too much exercise will break down your joints and cause overuse injuries like tendonitis, and stress fractures.

Karier vs Sosial:

Asyik kerja saja tanpa beriadah atau berihat boleh akibat kemurungan, manakala asyik berpoya-poya sahaja tanpa mencari pendapatan, akan membuatkan kita papa dan tidak ada kebahagian hidup.

Career vs Social:

All work and no play has actually been shown to drive people towards a depressive state, however all play and no work leaves you broke and unfulfilled with your life

Kita tidak ada pilihan lain cuma kita diperlukan fikir cara begini, tapi ianya adalah hakikat yang perlu kita terima dan bagaimana kita dicipta. Setia perkara yang berlaku di dalam badan sesaorang manusia dan fungsi kehidupannya adalah bertumpukan kepada kehidupan yang seimbang.

Whether or not you've ever thought about it this way, this is in fact how we are built. Everything in your body and in your life functions on a theme of balance.

Selagi kita hidup tanpa mengamalkan cara hidup yang seimbang, lagi besar peluang untuk kita tersungkur dan amat jauh untuk diperbaiki lagi.

The longer you go with any part of your life out of balance, the bigger the potential crash and the longer the road back to restoring it.

Petikan dari artikel oleh John Barban

BE YOUR OWN BOSS

Semua orang boleh berjaya!!!

Saya kagum bila anak bangsa kita berjaya. Apa lagi bila suka bila ambil peluang yang diberi dengan penuh cekal.

Tak minat ke nak jadi BOSS sendiri? Sambil tu tolong bantu mereka mereka yang maseh menganggur bagi kan peluang pekerjaan pada mereka. Ini boleh membantu menaikkan ekonomi negara kita, basmi pengangguran, basmi kemiskinan dan rakyat hidup dengan makmur

Jika kita buat sesuatu usaha atas rasa niat nak membantu orang lain inshaa Allah kita akan berjaya...yang penting buat dulu dan jangan cepat give up!

For a start, ikuti kursus perniagaan terlebih dahulu. Jangan terlalu gopoh nak buka kedai. Fahami dan master dulu ilmu akaun, duit keluar masuk, untuk rugi, modal pusingan dan pengurusan kakitangan.

Belajar ilmu perniagaan melalui social media, Facebook dan Instagram amat popular sekarang.

Ada ke kita kisah?....

Setiap kali kita berada di pelusuk mana sekali pun, percaya tak suara tuturan mereka selalu kedengaran. Baik kat dalam rumah, tepi jalan, hotel, hospital, kedai makan dari takde star ke 5 star, just name it...mereka ni ada jer...

Kaum ini especially, saya anggap the true Survivors, tidak memilih, sanggup bertarung nyawa, sanggup tinggal keluarga, bahkan anak anak kecil yang masih dahagakan kaseh sayang ibu bapa mereka. Apakan daya bila keadaan sudah terdesak, mereka tidak ada pilihan lain. Perasaan sudah tidak penting lagi...yang penting untuk cari sesuap nasi dan memberi keselesaan keluarga mereka nanti...

Look at the big picture...and around us. Dari mana mereka mereka ini? Pada hal negara mereka tergulung dari negara yang besar dan populasi tinggi. Bahkan kaum ini lebih berjaya dari orang tempatan sebab mereka tidak manjakan seperti kita.

Perlu kita bertanya kepada diri kita.....

1) Apakah kerajaan mereka tidak menerajui negaranya secara adil?

2) Apakah hasil kekayaan negara tidak diguna untuk kemakmuran rakyat dan negara?

3) Apakah sebelum ini mereka diberi janji kosong?

4) Kenapa bila lagi ramai rakyat, tidak dapat membantu negara dan masyarakat?

5) Kenapa tidak mahu guna rakyat untuk mendatangkan hasil dengan lebih efektif?

6) Bila negara besar, rakyat ramai secara mata kasar ianya patut membantu negara.

7) Kenapa kita nampak mereka ini tidak cukup education?

8) Kenapa bila mereka datang, ia akan menimbulkan penyakit sosial dan tidak selamat?

Dalam usia sekarang saya banyak bersyukur sebab hasil dari apa yang kita sama2 kecapi dari dulu hingga hari ini ianya jauh dari apa yang mereka alami...

1) Kita disediakan sekolah, yuran yang murah, pinjaman buku teks, guru2 yang bertauliah, dibina sekolah yang berhampiran dengan rumah.

2) Membuat pilihan murid cemerlang, menghantar ke luar negara untuk menjadi rakyat yang berilmu tinggi.

3) Menyediakan kursus kemahiran, Menyediakan tapak semaian, baja, benih tanaman, Memberi subsidi untuk mereka yang minat pertanian, Industri kecil dan perniagaan.

4) Mengenakan simpanan yang tetap dari setiap pekerja yang tidak berpencen sehingga usia 55-60

5) Menyediakan rumah2 rakyat dan rumah murah untuk mereka yang berpendapatan rendah

6) Menyediakan jalanraya dan jalan pintas, public transport yang canggih untuk kemudahan awam

7) Menggunakan hasil kutipan cukai untuk membina negara dengan betul.

8) Menyediakan hospital dan klinik kerajaan dengan yuran yang sangat kecil.

9) Memberi peluang untuk rakyat bertabung dan membeli saham untuk menikmati hasil dividen dan bonus.

Apa lagi nak? Of course takde yang boleh perfect tapi kita boleh improve untuk kebaikan bersama.

If only, di negara2 yang terlalu ramai populasinya mereka boleh:

1) Adakan kursus kemahiran seperti Pertukangan, Pembinaan, Perladangan dan Pemakanan.

Bila mereka mahir, ianya boleh membantu mereka untuk membina rumah sendiri, tempat pembuangan yang betul.

Bercucuk tanam untuk dijual dan dimakan sendiri.

Jika mereka dapat memberi hasil yang banyak, kerajaan pula membantu untuk pastikan hasil itu diagih dan dijual, ia akan membantu ekonomi rakyat dan negara.

2) Pihak Kerajaan dan Pengurusan tidak boleh mengambil untung yang tinggi atau makan tengah ianya adalah semata mata untuk membantu kaum yang susah.

3) Jika rakyat tertekan dan kebulur sudah tentu mereka akan lari ke negara lain untuk mencari rezeki.

Hasilnya rakyat lah yang merana dan hidup susah berterusan....

Nauzubillah!!! Semoga ianya tidak berlaku kepada kita semua.

Bersyukurlah dengan apa yang kita ada and keep it up Malaysia 👍👍👍

We LOVE MALAYSIA 🖤🖤🖤

Nak tunggu apa lagi? Tak susah kan?... 🙄😄

Saya tahu saya ni busy la sangat...

mana tidaknya semua kerja saya kumpul dan nak buat sekali gus hi hi hi...

Pada hal saya ada 24 jam, 7 hari, 30 hari dan 365 hari. Macam tak percaya kalau saya kata tak sempat!

Saya terjebak dengan Buku Del Carnegie waktu usia saya 13 tahun, entahlah sapa empunya tapi its in my parent's small bookcase.

Yang best tu macam satu firasat bila saya buka je page pertama, Del sebut tentang time management iaitu pengurusan masa, bagaimana kita perlu susun kehidupan harian kita.

Saya terus baca beberapa kali sebab saya nak cuba buat sesuatu dalam hidup saya. Oleh kerana saya tidak ada proper guidance during my childhood saya berpandukan buku ini dan telah merubah hidup saya sehingga kini.

Paling menarik saya mulai catat aktiviti harian saya, dari saya bangun untuk solat subuh sehinggalah saya nak masuk tidur after my Isyak atau sembahyang malam/tahjuk.

Waktu usia remaja kita tidak terfikir masaalah negara. Kita cuma fikir, whats for dinner and malam ni nak kena siapkan kerja rumah sebab esok ada kelas. Ada kah kita pernah terfikir siapa yang siapkan makanan harian kita kalau tidak mak kita, adakah kita pernah terfikir siapa yang tungkus lumus cari duit untuk sekolahkan kita kalau tidak bapa kita.

Semua ready untuk kita kan tapi adakah kita bersyukur dengan kemudahan yang tersedia ini. Dari itu untuk kita membalas jasa orang tua kita, permudahkan kehidupan mereka.

i) Bila bangun pagi siapkan katil dan kemas bilik tidur
ii) Tolong kemas ruang tamu
iii) Bantu Ibu masak
iv) Bantu Ibu basuh kain baju
v) Tolong buang sampah

vi) Tolong sapu laman

vii) Siapkan meja bila hendak makan

viii) Kemaskan meja selepas makan

ix) Bantu mak basuh pinggan mangkuk dan kemas dapur.

Sebagai pelajar pula kita perlu:

1) Siapkan kerja sekolah dan ulangkaji pelajaran

2) Tidur awal

3) Jangan merokok, ponteng sekolah dan ambil dadah

4) Pilih kawan yang positif

5) Ikuti aktiviti sehat

6) Jujur dan amanah

7) Jangan suka viral perkara yang membuka aib atau menjatuhkan maruah sesaorang.

Bukan susahkan? Semua yang kita perlu buat waktu usia muda ini akan membantu kita bila usia kita meningkat sehinggalah bila kita tua nanti.

Best kan jika....

Ada ke tanya apa yang buat orang Jepun lebih berhemah dan lebih baik kelakuan mereka dari kita?

Kita ingat mereka ini memang dah keturunan macam tu. Mana ada?

Yang bagusnya, mereka terus berubah dan cuba improve cara hidup serta pemikiran mereka. Mereka lebih tekankan pada anak2 yang maseh kecil yang perlu diasuh sejak usia 4-5 tahun agar membesar dengan sikap yang amat dikagumi oleh kita semua sekarang.

Apa guna nya kita berpendidikan tinggi tapi tidak tahu hormat mak bapak, guru, boss kita, famili kita dan masyarakat kita? Nampak macam bagus tapi teruk. Bila dah berkuasa mulalah giler kuasa dan hilang maruah.

Orang Jepun mengajar anak2 kecil mereka bermaruah tinggi. Cara hidup mereka lebih kepada:

1) Hormati orang tua, guru, ketua dan masyarakat
2) Kemahiran hidup
3) Cara makan
4) Cara beratur waktu ambil makanan, beli tiket, naik kenderaan,
5) Cara beli barang
6) Tolong menolong di antara satu sama lain
7) Selfless attitude
8) Tidak suka menipu
9) Cara guna tandas dan cuci tandas
10) Cara kebersehan diri, bilek dan rumah
11) Makan makanan yang sehat
12) Rajin buat kerja

13) Bantu famili
14) Bantu masyarakat

Memang banyak aspek yang positif ditekankan dari akar umbi lagi. Kan lebih baik kita lentur buluh dari rebungnya lagi...from the root if you know what I mean.

Susah bila kita nak disiplin anak2 atau orang dewasa yang dah tua, malah yang ber-ego tinggi lagi parah...

So bila?

Mudah2an kita mulakan ilmu ini dari taraf tadika dan juga sekolah rendah.

Apa pun kita yang patut mulakan dari rumah sebagai ibu bapa....

Yes, Lets Do it!!!!

Sayu hati...

Setiap hari saya risau terhadap diri saya, jika saya tua dan panjang umor, apakah anak2 saya akan menjaga saya?

Bersabar dengan kerenah dan tabiat baru saya? Adakah mereka sanggup menanggung bil hospital dan segala keperluan bila saya jatuh sakit?

Adakah kita pernah terfikir semua ini? Sayu hati saya bila saya ternampak bagaimana orang orang tua disakiti, dibiarkan, dibuang ke rumah orang tua seperti anjing kurap....

Jika saya diberikan rezeki, saya bercita-cita untuk membina rumah persinggahan bagi mereka yang sudah bersara dan tidak mempunyai keluarga yang sanggup menjaga mereka. Mereka perlu perlindungan dan kaseh sayang.

Waktu kecil saya pernah nampak seorang ibu tua tinggal bersendirian di sebuah rumah pondok kecil, berlampukan pelita ayam dan tempayan air yang diangkut sendiri dari perigi. Saya suka bermain main di kawasan pondoknya sambil bertanya khabarnya.

Makcik tua selalu ajak saya naik ke pondoknya dan pelawa saya makan nasi bersama... saya terkejut lauknya hanyalah dua ekor ikan yang direbus dengan air garam dan nasi yang ditanak dengan dapur kayu dan semangkuk kecil sos budu dan ulam kayu yang dikutip di dalam semak di kampung itu.

Saya tersipu-sipu menerima jemputan dia, kami makan bersama setiap peluang yang saya ada jika saya tidak ada kelas tuition atau aktiviti sekolah.

Setelah saya tamat sekolah saya terpaksa tinggalkan kampung untuk sambung belajar, sewaktu di sana saya mendapat berita yang ibu tua itu sudah pulang ke rahmatullah

Hati saya sedih dan sayu kerana sewaktu peninggalan saya, dia mungkin terasa sunyi dan kesaorangan... terasa kesal dan hiba. Jika saya sudah berjaya sewaktu itu kemungkinan saya telah dapat membantunya.

Saya cuma boleh hadiahkan Al-fatihah serta berdoa agar dia ditempatkan bersama dengan mereka yang beriman.

Saya bertuah kerana maseh mempunyai ibu yang boleh saya membuat jasa. Saat itu saya telah berjanji pada diri saya akan menggunakan setiap peluang yang saya ada untuk membahagiakan orang tua saya...insya Allah

Saya sentiasa merindui bapa saya, adek saya, anak buah saya, abang-abang ipar saya yang telah tinggalkan kami...Al-Fatihah

Biarkan....

Bukan hari-hari kita okay. Ada hari kita rasa sedeh dan kecewa. Saat yang paling teruk bila adek beradek tidak sehati sejiwa. Apa lagi bila mak bapak kita dah tinggalkan kita.

Jika kita sebagai yang sulong atau yang tua sikit, jangan pulak jadi giler kuasa. Terus jadi diktator memanjang, sampai tak nak dengar masaalah adek-adek atau yg lain.

Waktu mak bapak kita ada, takde pulak yang berani nak usek kita.

Tak ingat ke? We are not perfect, so tak payah nak cari kesilapan adek beradek sebab selama ini pun kita semua hidup berdikari dengan cara masing2. Jangan pulak nak impose cara kita pulak. Oleh sebab orang tua kita sudah tidak ada jangan kita memandai nak atur kehidupan mereka pulak.

Yang terbaik jom cuba ini:

1) Ajak berbincang dan bantu membantu.
2) Jangan dengar hasutan sesiapa
3) Jangan pilih bulu
4) Dengari semua pihak
5) Jangan simpan dendam
6) Tak payah nak jadi hero
7) Tak payah nak jadi referee
8) Be neutral
9) Jangan bias/berat sebelah
10) Tak payah nak jadi Juri
11) Tak payah jadi HAKIM
12) Jadilah PENDAMAI !!!

Yang paling best bila ahli Keluarga kita dalam kesusahan atau kesedihan, jika dia nak berkongsi dengar lah rintihan dia, jika dia perlu bantuan wang, cuba lah buat kutipan wang sesama famili agar dapat meringankan beban kewangan mereka.

Beri cadangan atau nasihat yang baik agar dapat dia mencari pendapatan sendiri dan boleh berdikari.

Jika ada yang cuba menghasut, nasihati lah orang-orang ini agar fikir yang baik-baik sahaja dan jangan cuba nak memecah belah keluarga.

Jangan kita layani mereka ini, lama kelamaan mereka akan give up kerana tidak ada orang yang menyokong mereka.

Sesuatu kejahatan akan boleh kita hentikan jika kita sama-sama tidak layan dan biarkan dia cakap sorang-sorang...

Tak bosan lah!

Time flies when you're havin fun, tapi bagi orang tidak tahu erti fun atau tidak ada peluang untuk merasai keseronokan, waktu berlalu sangat lama dan membosankan, betul tak?

Senang cerita, dulu saya takut nak berhenti kerja sebab takut jadi gila. Otak jadi beku dan hilang kawan. Sebenarnya tidak, kita akan jadi lebih sibuk bila di rumah dan buat kerja sendiri.

Kita hanya perlu rancang aktiviti kita setiap hari dan jangan malas. Perkataan malas tidak boleh berada dalam vocab hidup kita. Kita mesti RAJIN!!!...

Dalam phone kita pasti ada Calender dan Apps To do List dan Reminder kan? Saya guna 2 Apps ini, hidup saya sentiasa tersusun dan saya boleh buat multi tasking.

Jika boleh saya nak buat semua benda tapi apa kan daya saya cuma ada dua tangan dan dua kaki. Setiap pagi selepas solat subuh, saya cek phone saya, ingat!!! bukan untuk cek FB, IG atau whatsapp tapi Calender dan To do List harian saya. Lepas tu saya check whatsapp takut ada mesej penting yang perlu saya tahu.

Selepas sarapan pagi saya akan check phone saya lagi untuk tengok FB/IG dan buat posting dan likes my friends posts.

Pukul 9.30am keatas saya buat urusan home biznes dan buat contacts dengan potential buyers, partners dan urusan family saya.

Setiap hari saya rasa tak cukup masa untuk saya selesaikan urusan saya. Jika kita guna masa sebaiknya setiap hari memang tidak sempat nak rasa bosan atau mati kutu...

Would you or Will you marry me?....

Wow!!! Mesti nya sesiapa yang di alam percintaan, bila terima lamaran ini akan happy giler...

Seronok sangat bila nak buat planning wedding of the year kann...mostly mak bapak terpaksa bergadai dan korek duit simpanan untuk capaikan impian anak-anak dan nak jaga imej famili.

Seronok tu bagus cuma sebelum nak buat lamaran atau terima lamaran tu dah conggak betul betul dulu ke tak? Nak kahwin mesti boleh, sesiapa pun boleh. Tapi ingat Cinta bukan Buta okay!!!

Bila kita dah mulai dewasa usia yang paling ideal untuk kahwin selalunya 24 tahun keatas. Saat ini selalunya jika bakal suami dan isteri sudah habis belajar dan mulai bekerja.

Ada pasangan yang bertemu sewaktu di kolej atau Uni, mereka telah berkawan dan kenal hati budi masing-masing dari awal usia lagi.

Ada yang bertemu jodoh di tempat kerja atau di majlis keramaian, majlis kahwin, pusat hiburan.

Yang kita perlu conggak ialah:

Kenapa nak kahwin bila usia 16 - 20?

Kerja pun takde, duit pun takde. Yang kita sanggup ialah hidup dan mati bersama

Apalagi bila di awal perkahwinan dah dapat Baby? Kesian Baby ni sebab yang jaga dia pun maseh baby

Kena cek latar belakang bakal pasangan kita. Selalunya kita dengar mereka yang tidak bekerja tu dia akan tonjolkan diri dia sebagai ahli perniagaan atau freelancer ia itu kerja sendiri.

Lazim nya mereka akan cari pasangan isteri yang bekerja dan berpendapatan tetap. Ini adalah backup plan mereka sebab berniaga sendiri ada banyak risiko dan cabarannya. Jika biznes bungkus ada isteri untuk tanggung mereka.

Ada juga yang suka berhutang dengan pasangan, kononnya nak tunggu pulangan yang lebih besar dan umpan dengan janji janji kosong.

Yang lebih parah bila pasangan kita didapati bekas penagih atau maseh aktif menagih...

Saat dia nak hak kita lembut gigi dari gusi tapi bila dah dapat terus hilang entah kemana. Silap silap bila dia tak dapat apa yang dia hendak, semua harta dijual, adakala sanggup melakukan perkara yang tidak diingini.

Bukan semua orang berniat jahat tapi kita kena berhati hati setiap tindakan dan keputusan yang kita ambil.

Lainlah jika dapat pasangan yang berpendapatan tetap atau sanggup bekerja keras untuk famili. Kita boleh menghasilkan keluarga yang sehat, cukup ilmu dan pelajaran, cukup makan minum dan pakaian adalah sudah agak memadai.

Sebagai bakal isteri pula, perlu ingat kita bukan setakat melahirkan zuriat ya tapi membesarkan zuriat itu dengan :

1)	penuh kasih sayang
2)	beri makanan yang seimbang
3)	jangan pilih kaseh
4)	bagi masa yang berkualiti untuk anak2 dan suami

Ada isteri yang terjerit jerit di dapur kononnya ikan nak telan dia 😁. Belum lagi nak suruh potong ayam.

Tak malu ke bila Mak mertua ada dalam rumah, dia kepingin nak makan gulai ikan masak lemak cili padi? Belum apa-apa lagi dah nampak apa jenis isteri atau ibu kita ini, sangatlah belum ready nak kahwin 😊

Petanda apa kah ini?

Saya sekarang berada di Barcelona, Spain, family holiday.

Ilham datang waktu 3pagi, dan maseh jetlag...

Oh!!! Nooooo....

Bulan Madu dah tamat!!! 👻😊

Waktu tahun pertama kahwin, seronok je, sebab maklumlah baru boleh all out berdating, berasmaradana dan kehulu kehilir tanpa batasan...

Yang best lagi waktu bulan madu ni, bila si isteri dan suami rajin melayan each other. Sikit sikit "Sayang, boleh ambilkan I, Air?, boleh urut kepala I?, Baby, jom kita tidur sehari suntuk sebab hari ini Sabtu dan esok Ahad...boleh je makan breakfast waktu dinner 😊😁

Best tu memang best la, sebab tahun pertama dan kedua adalah waktu untuk pasangan kenali each other. Selami dan fahami jiwa masing-masing. Waktu awal perhubungan semua agak sempurna sebab waktu tu kita semua ibarat pelakun Hollywood yang boleh menang Award, percayalah!

Takpe jangan takut nak kahwin cuma kena buat persediaan saja okay!

Apa pun selepas tahun bulan madu, kita dapati:

1) Isteri kita ini agak pemalas...Malas nak masak, malas kemas rumah, tak suka buat perancangan dalan urusan harian, bila ada famili ipar datang duduk dalam rumah bilek je, air pun tak dipelawa...

2) Suami suka tidur memanjang, bila bangun je, expect ada food atas meja. Kain baju dibiar berlonggok atas lantai bila bersalin, asyik main game je, suka keluar dengan kawan-kawan balik jauh jauh malam, tabiat perangai waktu bujang datang balik, tak nak buat kerja rumah konon nya itu kerja isteri...

OMG!!!...

Ini bila kita tengok dari segi kedua dua pasangan keras kepala!!! Nak ke dipanggil Marriage from Hell!!!☺

Ada pula yang macam ni:

1) Isteri rajin buat semua. Di awal perkahwinan dialah yang pastikan rumah berseh dan kemas, masak makanan seimbang, Suka bangun awal, pastikan jadual harian bersama, suka melayan famili baik sendiri atau ipar biras.

2) Suami suka bangun awal, ajak solat berjemaah, suka bantu isteri masak, basuh pinggan dan jemur dan lipat kain. Tak suka tengok rumah bersepah, bila isteri penat bagi isteri rehat dan ambil alih kerja rumah, buat baik pada famili nya dan sebelah isteri.

Waktu nak main game atau keluar bersama kawan boleh sangat! Tapi mesti dahulukan famili.

Agak-agak nampak tak perbezaannya?

Nak ke kahwin sepuluh kali? Tak fikir ke pada anak-anak pulak bila bercerai berai?

Tak susah lah bila kita nak jadi lebih baik, lagipun kita perlu ingat segalanya berpunca dari rumah.....

Bestnya bila dapat Baby...

Sebelum ini kita yang berbaby baby tapi nah sekarang kita pula yang dapat Baby...

Waktu melahirkan, oh my! tanya lah semua ibu ibu apa yang mereka lalui? Detik dan saat itu amatlah susah nak cerita tapi if only kaum lelaki pun melalui nya baru tahu ya!!!

Of course kita amat sayang pada Baby kita kan? Siapa tidak? Mereka ini amanat Allah swt kepada kita. Bahkan hadiah paling mahal di dunia dan akhirat.

Tapi untuk dapatkan hadiah ni, adakah kita ready physically, mentally dan emotionally? Hi hi hi...saya sendiri pun agak tidak begitu ready dan saya nervous sangat

Bila Baby sampai di tangan saya, saya teragak agak apa yang sana perlu buat tapi macam blur je...setakat tahu nak bagi dia susu dan bersehkan dia. As mother's instinct saya amat protective, saya sentiasa rasa ingin melindungi dia...

Yang best tu, saya start rasa hidup saya penuh makna dan ceria sebab boleh lihat senyuman dan suara tangisan baby yang cute tu...

Adakala juga rasa sedeh bila perkara ini berlaku dan kita tidak tahu apa nak buat seperti:

1) Kenapa kita rasa moody dan meroyan
2) Kenapa Baby asyik menangis saja?
3) Kenapa Susu tak keluar?
4) Kenapa payu dara kita bengkak dan buat kita demam
5) Kenapa bontot Baby ada ruam merah?
6) Kenapa perut kita tak kempis kempis
7) Siapa nak jaga kita waktu dalam pantang?
8) Apa nak buat bila Baby jadi kuning?
9) Kenapa kita maseh terasa penat, tak sihat dan lesu walaupun dah habis pantang?

Ada satu insiden yang paling tersentuh di hati saya bila saya ternampak seorang ibu muda berjalan perlahan lahan sambil mendukung bayi nya di sebuah hospital. Dia kesaorangan tanpa dibantu atau ditemani.

Ibu muda ini nampak agak lesu dan pucat. Baby yang di riba nya menangis seperti kesejukan. Saya tidak tahu kenapa baby nya tidak dibalut dengan kain atau dibungkus badan nya.

Saya dekati ibu muda itu dan tanya, boleh saya tolong balutkan anak ini? Dia tersenyum dan terus benarkan saya lakukannya, anaknya terus diam dan tidak menangis lagi.

Saya bagi tahu ibu muda itu, dia perlu bungkus atau selimut baby itu sebab mungkin kesejukan. Saya bertanya lagi, kenapa dia di sini kesaorangan? Mana suami atau ibunya? Dia kata suaminya sedang cari parking dan ibu nya sedang sakit di rumah.

Kesiankan dia? Siapa agaknya dapat tolong kita dalam keadaan sebegini. At least suami nya ada di sisi. Dia baru saja melahirkan anak sulongnya berusia 5 hari dan sedang alami penyakit kuning, jaundice.

Dia mungkin maseh tidak tahu nak buat apa-apa. Saya agak rasa terkejut pabila bayi yang maseh dalam pantang tidak dibalut dan diberi pakaian yang penuh supaya tidak terdedah kesejukan serta kepada elemen elemen sekitar.

Bayangkan, ibu ini maseh dalam kesakitan, lesu dan perlu berehat, apa lagi jika jahitan di bahagian kelaminnya maseh baru dan agak merah. At least it takes 2 minggu baru sembuh, tahu takpe...

So think about this okay!!!!

Wow!!! giler banyak nak kita go thru kan tapi itu hanya basic FAQ saja tapi ada banyak lagi yang semua perlu tahu which insya Allah saya akan share jawapan bagi setiap soalan-soalan ini ya tapi in my next next writing.

Perkara yang paling penting adalah bila kita ingin membesarkan anak anak kita dan penjagaan yang macamana? Setiap couple yang baru kahwin wajib pergi kursus parenting atau beli buku parenting.

Jika anak kita perempuan bagaimana dan jika lelaki bagaimana? Kita mesti takut dan bimbang unsur unsur di luar dari kawalan kita jika ianya boleh mempengaruhi anak anak kita tapi insya Allah, jika kita sentiasa pantau dan dekat dengan mereka, mereka akan lebih selamat dan terkawal which saya cuba share nanti

Okay gotta go now!!! kejap lagi nak ke our favourite street La Rambla dan Gothic Born, Barcelona...jalan-jalan dan makan-makan

Waktu saya dapat anak pertama di usia 24, memang rasa perit dan leteh sebab banyak saya perlu adjust dengan kehidupan baru saya. Apalagi bila tidur tak cukup dan waktu makan sudah tidak menentu.

Sewaktu dalam pantang, macam best, sebab ada ibu yang menjaga saya. Semua terjaga, cukup masa makan dan rehat. Tapi bila je malam saya jadi nervous sebab baby melalak nak susu lah, nak tukar lampin lah atau dia nak kita peluk dia. Saya hanya perlu bersabar untuk melalui phase ini. Saya mulai belajar dan faham apa yang telah dialami oleh ibu dan bapa saya sewaktu saya dilahirkan dan dibesarkan.

Ada Ketika saya sendiri jadi tak sihat, tiba-tiba bengkak susu, tiba-tiba tak boleh nak buang air besar, adakala rasa macam nak meletup sebab terlalu keletihan menyusu baby setiap 2-3 jam. Masuk seminggu saya mulai sesuaian dengan keadaan baru ini.

Apa yang saya buat ialah:

5) Saya susukan baby saya sampai kenyang.

6) Ada mak cik datang untuk menungku dan mengurut saya selama 2 jam. Selepas itu saya mandi dan pakai bengkung.

7) Jika baby masih tidur, saya makan sarapan dan minum air banyak. Milo adalah minuman yang selalu disyorkan untuk memberi tenaga dan menambahkan susu ibu.

8) Saya akan ambil kesempatan untuk tidur bila baby saya tidur.

Saya ingin berkongsi sangat cara penjagaan dalam pantang nanti yang akan saya hasilkan dalam my next book, insya Allah.

Saya ada 3 orang anak, 2 perempuan dan 1 lelaki. Bagi saya sudah memadai. Nak tahu kenapa saya fikir begitu? My parent ada 11 orang anak, bagi saya ianya terlalu ramai. Ada pernah saya terfikir adakah kedua ibu bapa saya sempat untuk memberi perhatian kepada mereka baik dari segi ilmu ugama, kehidupan dan tanggungan kewangan.

Saya pernah tengok bapa saya jarang bertukar pakaian sangat. Ibu saya terpaksa buat jualan untuk cari duit lebih. Kami hidup dalam keadaan serba sederhana. Cukup makan dan boleh hantar kesemua anak-anaknya ke sekolah. Bapa saya lebih menekankan kepada pendidikan ugama dan akademik.

Bapa saya adalah seorang english oriented sebab itu kesemua anak-anaknya dihantar ke sekolah english medium. Di zaman British masih di Malaya bapa saya bekerja di hospital sebagai Dresser, dia sangat strict dengan penjagaan kesihatan. Setelah Malaysia merdeka bapa saya pula bekerja sebagai Pegawai Kastam. Sewaktu itu keadaan kehidupan kami semakin bertambah selesa.

Di rumah kami terlalu ramai orang, kami tinggal di kuarters kerajaan, hanya 3 bilek, ruang tamu dan dapur. Yang saya nampak, banyak buku sekolah sana sini. Ibu saya pula suka memasak dan pastikan kami cukup makan 3 kali sehari. Sebab itulah kami sehat and we are happy children. Tapi kami tidak ada permainan atau kemewahan lain seperti anak-anak orang lain.

Bila terlalu ramai anak, adakala kita terlepas pandang dari segi keperluan emosi atau kasih sayang. Ada yang merajuk sampai ke sudah dan tidak dipujuk. Ada juga yang bergaduh tapi tidak ada yang leraikannya. Bila ada cerita yang tidak betul tidak pernah diselesaikan sehingga lah kami besar.

Bagi saya ada 3 orang anak adalah agak ideal. Mungkin 4 anak, dua perempuan dan 2 lelaki. Kita perlu congak keadaan ekonomi family kita. Samada kedua suami isteri bekerja atau suami sahaja. Kadang-kadang tidak banyak beza bila kedua-dua bekerja tapi anak terpaksa ditinggalkan kepada penjaga. Melainkan posisi yang dipegang agak tinggi oleh isteri dan berbaloi untuk membayar gaji penjaga anak atau kemudahan lain.

Anak-anak yang di bawah jagaan ibu sendiri adalah lebih terjaga. Tapi jika mereka ditempatkan di pusat penjagaan yang diiktirafkan ianya boleh memberi menafaat kepada anak-anak dari segi jati diri, pandai bersosial dan lebih pandai berdikari.

Yang penting ibu bapa mesti sentiasa luangkan masa untuk anak-anak. Pastikan mereka makan makanan yang seimbang. Dari kecil lagi perkenalkan sayuran dan buah-buahan. Kita perlu tegas dalam hal pendidikan ugama, moral dan tingkah laku selain dari pendidikan akademik. Anak-anak kita bukan saja aset kita tapi mereka adalah aset negara. Merekalah yang akan mencorakkan masa depan negara kita.

Bila saya lihat ibu bapa sekarang suka lekakan anak-anak mereka dengan talifon pintar, saya rasa bila mereka besar nanti, mereka akan jadi orang yang tidak tahu berinteraksi dengan orang lain. Waktu di meja makan mereka sibuk dengan dunia mereka sendiri. Sedeh kan sebab kita seolah sudah putuskan komunikasi di antara kita dengan anak-anak kita. Waktu bila kita nak mendengar masaalah mereka dan mengajar mereka?

Ada baik kita jadi ibu bapa yang lebih tegas sedikit demi kebaikan mereka. Mungkin bagi 2 jam sehari iaitu selepas mereka makan dan buat kerja rumah. Beri sebagai habuan setelah mereka lakukan kerja-kerja mereka. Pastikan kita pantau jika mereka melayari youtube atau game yang boleh memudaratkan mereka. Jika mereka didapati melampaui batas, hukum mereka dengan tidak memberi mereka guna selama seminggu dan lihat reaksi mereka.

BETTER MALAYSIA?...LET'S DO IT!!!

Bagi saya kita perlu adakan Aliran Pengurusan Perniagaan sebagai satu daripada aliran wajib dalam pembelajaran di sekolah menengah selain dari Aliran Sains dan Aliran Kesusasteraan.

Walaupun sudah ada aliran perdagangan tetapi ianya tidak diberi penekanan sehingga ke peringkat Diploma dan Ijazah. Dengan cara begini akan memberi banyak pilihan dan membantu pelajar yang berminat dalam bidang perniagaan akan lebih bersedia untuk memulakan bidang perniagaan ditambah pula dengan kursus kemahiran yang telah tersedia ada.

Ada juga pelajar yang tidak mampu untuk meneruskan pelajaran mereka ke peringkat tertiary. Ada yang tidak berminat dalam bidang akademik tapi lebih berminat pada perniagaan dan kemahiran. Jika mereka diberi ilmu yang cukup iaitu dari segi Pengurusan Kewangan dan Pengurusan Perniagaan ianya akan boleh banyak membantu masyarakat dan ekonomi negara.

Jangan pula tunggu sehingga kita sudah hampir pencen atau berusia. Kerana jangka hayat perniagaan tersebut belum cukup kukuh dan memerlukan pengurusan yang betul. Melainkan kita ada pelapis yang berusia lebih muda dari kita.

Pada mereka yang tak suka kerja dengan orang, boleh jadi own boss dan faham how business should work sebelum nak cari atau dapatkan fund, loans, geran untuk mulakan sesebuah bisnes, nanti tak berapa hari bungkus tikar. Kerajaan juga yang akan rugi besar dan kita pula yang merempat....

Menafaatnya:

1) tidak cepat bungkus tikar
2) cukup ilmu baru diberi pinjaman/geran/ bantuan
3) hapuskan kemiskinan
4) dapat jadi Boss sendiri
5) membuka banyak peluang pekerjaan
6) menaikkan taraf ekonomi famili dan negara
7) negara cukup duit dari kutipan cukai untuk sediakan kemudahan awam yang lebih baik
8) jika tidak berjaya dalam bidang akademik, rakyat ada pilihan untuk berniaga lebih awal.
9) hapuskan kaki lepak, penganggur dan penagih dadah
10) hapuskan rasuah, bila rakyat senang

Jika Kita Ingin Ceburi Bidang Perniagaan

Saya selalu bangga dengan kejayaan anak-anak muda di Malaysia, lebih lagi yang berjaya dalam bidang perniagaan. Banyak saya nampak kedai-kedai seperti butik vendor, kedai pakaian, alat solek, pemakanan kesihatan, kafe, restoran dan perniagaan secara online mulai menapak.

Kebanyakannya berminat untuk berniaga tetapi ramai juga yang tidak cukup ilmu. Saya juga telah beberapa kali terlibat dalam bidang perniagaan dan banyak buat kesilapan. Kursus yang saya ikuti agak tidak begitu komprehensif dan terlalu komersil.

Oleh kerana saya berasal dari Kelantan, sebuah negeri yang penduduknya memang bertumpukan kepada perniagaan. Saya beruntung kerana dikelilingi oleh enterprenuer. Saya belajar dari kakak-kakak saya yang berniaga dalam bidang jualan kain batik dari hasil kerjatangan mereka sendiri. Kelebihannya adek beradek saya memang kesemua di antara kami pandai melukis dan design.

Waktu saya menjalani perniagaan sebagai Wedding Planner, oleh kerana saya minat sangat dengan konsep kerjanya ianya tidak meletihkan atau menjemukan saya. Kan saya dah kata bila kita minat dengan apa yang kita buat kita tidak akan rasa ianya membebankan..

Adalah lebih baik jika kita tambahkan ilmu seperti ikuti kursus:

b)   Menjahit secara basik
c)   Kursus Tatarias dan Solekan
d)   Kursus Dandanan Rambut
e)   Kursus Hiasan Katil serta Pelamin

Bidang perniagaan yang saya pernah ceburi juga ialah Kecantikan dan SPA. Saya tambah ilmu lagi dari segi:

6)   Penjagaan Kulit
7)   Penjagaan Badan
8)   Kursus Mengurut Badan dan Kaki

Begitu juga jika kita ingin ceburi bidang-bidang yang lain. Pastikan pergi cari ilmu mengikut keperluannya terlebih dahulu.

Sedikit tentang family saya...

Ibu saya adalah contoh yang paling baik sebab saya sangat rapat dengan dia. Ibu saya seorang yang sangat aktif, selepas sembahyang Subuh, ibu saya akan buat sarapan dan kerja rumah. Selepas Bapa saya pergi kerja, kakak dan abang saya ke sekolah, kerana saya yang bongsu dan selalu melekat di rumah, saya nampak ibu saya suka buat kueh tempatan untuk dijual. Dia ambil tempahan dari surau dan jiran-jiran untuk majlis keramaian. Ibu saya pandai menjahit, memasak, mengemas rumah, seorang yang sangat rajin dan perfectionist.

Ibu saya pernah menyandang jawatan politik sebagai Ketua Wanita Umno sewaktu kami tinggal di Johor Bharu., tempat kelahiran saya. Ibu saya juga adalah seorang Guru Al-Qur'an di setiap negeri atau tempat yang kami tinggal dan sangat dedikasi terhadap murid-murid nya. Hasil dari kerajinan nya ibu saya sempat menabung dan telah banyak membantu keluarga kami.

Ibu saya suka bercucuk tanam walaupun bidang tanah kami agak kecil.

Apabila ibu saya nak mula memasak, dia akan ke halaman untuk mendapatkan sayuran atau daun yang hendak dimasukkan ke dalam resepinya. Oleh kerana cara pemakanan kami terjaga, kami didapati jarang jatuh sakit, Alhamdulillah.

Hasil dari penemuan ulam yang ibu saya amalkan untuk family saya, saya telah berjaya menjadikan ia sebagai produk pemakanan kesihatan bagi menjaga kesihatan kita secara keseluruhan. Oleh kerana ini tercapai satu lagi daripada cita-cita saya untuk mengeluarkan produk pemakanan kesihatan berjenama Foodvibe dan telah pun berada di pasaran.

Yang paling saya kagum tentang ibu saya ialah walaupun dia sibuk menjaga kita tetapi dia luangkan masa untuk menjaga saudara mara nya yang sakit. Seolah rumah saya sudah menjadi rumah sakit. Saya tidak pernah terdengar dia merungut atau mengeluh. Ibu saya memang seorang yang suka ambil peduli tentang orang lain.

Pada November 2020 usia ibu saya genap100 tahun dan usianya masih panjang, matanya masih terang, ingatannya masih kuat. Ibu saya merupakan sumber inspirasi saya yang paling kuat kerana sikapnya yang banyak positif. Kecekalan, kekuatan dan focus amat perlu dalam apa jua kita ceburi.

Alhamdulillah... saya diberi peluang untuk berada di sisinya di saat-saat terakhir ini. Walaupun dia bukan lagi seperti dulu, tapi masih segar di fikiran saya setiap jasa yang dia curahkan kepada kami. Saya akan lakukan yang terbaik untuk menjaga ibu bapa saya.

Sepanjang perjalanan hidup saya, saya bersyukur kerana senentiasa dikelilingi oleh mereka yang positif, selain dari suami dan anak-anak serta kawan-kawan akrab saya yang berjaya dalam karier masing-masing.

Suami saya, seorang Saintis di syarikat Petrolium dan Gas. Seorang yang sangat dedikasi dan focus dengan kerjaya nya. Dialah insan yang sentiasa di sisi saya. Penyokong kuat saya.

Anak sulong saya, Najihah berusia 36 tahun, berkelulusan ijazah dalam bidang pengurusan informasi, tetapi memilih untuk menjadi boss sendiri. Beliau adalah konsultan pengurusan kewangan yang telah banyak menerima anugerah cemerlang dari institusinya.

Nabil anak kedua saya, 33 tahun, seorang yang kreatif dalam seni musik, lukisan dan animasi. Dari usia belasan tahun lagi sudah berjaya dalam industri musik tanahair, sebagai seorang Artis dan Pengubah Lagu yang serba boleh. Sekarang beliau lebih giat dalam kerja-kerja penerbitan di sebuah stesyen TV setelah tamat pengajian dalam Ijazah Filem dan Animasi. Beliau juga banyak terlibat dengan kerja "voice over" untuk Disney Malaysia, diantara yang terbaru ialah suara latar sebagai Alladin dalam the movie "Alladin.".

Anak bongsu saya Madihah, 22 masih menuntut bidang Ijazah Kejuruteraan Mechatronic. Beliau telah dilamar sebagai imej label botol air kordial sejak dari usia 5 tahun lagi. Alhamdulillah masih menerima royalti dari pihak pengurusan pembuat air tersebut sehingga kini. Dalam masa yang sama menjadi Influencer di laman sosial, menerima tawaran sebagai "paid review" dan ianya amat membanggakan.

Kita tidak perlu tunggu tuah jatuh ke riba atau nasib yang menentukan kejayaan kita. Kita mesti bangun dan mencari nya. Samada ianya dalam bentuk ilmu atau kerja yang hendak kita lakukan. Saya selalu amalkan sikap "Its Now or Never"…

Begitulah bila saya atur kehidupan saya dan keluarga saya. Saya tidak akan tunggu tapi saya akan terus buat. Samada ianya berjaya atau tidak, tiada siapa pun boleh tahu, melainkan bila kita sudah melakukannya. Jika masih tidak berhasil, teruskan usaha sehingga kita berjaya mencapainya.

Saya ingin berterima kasih kepada kedua orang tua saya dan suami saya yang selalu memberi sokongan dan sanggup bekerja keras untuk memberikan kehidupan yang selesa kepada kami.

Sebelum saya wrap-up...

Oleh kerana pencapaian teknologi hari ini, setiap orang mesti memiliki talifon pintar atau talifon bimbit, tidak kira samada tukang sapu jalan atau pun tukang angkat sampah. Sudah tentu tidak seorang pun boleh mengawal keadaan yang menimpa kehidupan kita hari ini iaitu bila sesuatu cerita diviralkan.

Berhati-hatilah bila kita turut mendengar cerita atau berita dan memberi galakkan pada orang orang yang suka viral fake news. Sifat suka membuat, mendengar atau menabur fitnah dan memburukkan sesaorang samada kita suka atau tidak suka ianya tetap berdosa besar dan boleh merobohkan siraltulrahim sesebuah famili serta masyarakat. Jika kita ingin benar-benar berjaya, kita perlu fokus hidup kita banyak kepada perkara yang positif. Jauhi orang yang berfikiran negative dan bertoksid.

Apalagi bila mudah sangat nak viralkan cerita-cerita yang juicy dan fake news, dengan hanya pakai jari sahaja. Bayangkan jika ianya tidak benar sama sekali keadaan sudah menjadi keruh dan menjatuhkan imej sesaorang. Ia boleh melibatkan kekecohan dan kekacauan.

Ingatlah!!! kita perlu ketenangan jiwa untuk mencapai satu-satu kejayaan. Bila famili dan masyarakat hidup dalam suasana tenang dan negara yang aman, segalanya boleh kita lakukan samada untuk mencari rezeki dalam cara perniagaan, melanjutkan pelajaran, membangunkan negara, menaikkan taraf ekonomi negara.

Semoga Hidup Malaysia dengan
lebih Aman dan Makmur

MALAYSIA BUAT JER….!!!